아버지
다산

조카들을 품어준 아버지

며느리의 묘지명을 쓴 아버지

유배지에서 원격 교육한 강한 아버지

자식 여섯을 요절로 보낸 아버지

6남 3녀를 둔 多産한 아버지

김상홍 지음

아버지
다산

글항아리

이 책은 아버지 다산의 꿈과 사랑, 슬픔 그리고 정과 한을 다각도로 조명한 것이다.

우리는 '다산 정약용' 하면 조선후기 실학을 집대성한 큰 학자로만 알고 있다. 그러나 다산도 아버지이자 시아버지였고 작은아버지였다. 이 책은 척박한 유배지에서 자식들을 혹독하게 원격 교육한 강인한 아버지 다산, 가난 속에서도 도덕성을 지킨 아버지 다산, 자녀 9명6남 3녀을 낳은 다산多産한 아버지 다산, 요절한 자녀 6명4남 2녀을 가슴에 묻은 아버지 다산, 스물아홉 꽃다운 나이에 요절한 며느리를 둔 시아버지 다산, 자신의 학문을 계승 발전시킬 후계자로 여겼던 17세와 20세의 조카 두 명을 허망하게 잃은 작은아버지 다산의 따뜻한 사랑과 정 그리고 시리고도 아린 슬픔과 한을 그의 학문적 생애와 연관시켜 조명하였다.

다산 정약용은 조선후기 학술문화사를 찬란하게 빛낸 학자이기 이전에, 너무나 비극적인 아버지였다. 유배 죄인으로 아들의 과거

길을 막은 아버지는 자녀교육 문제에 누구보다 더 심각한 고민을 하지 않을 수 없었고, 먹고 입는 것조차 어려운 지독한 가난을 괴로워하였으며, 자녀를 9명 중에 6명을 제대로 보듬어 주지도 못한 채 떠나보냈다. 오랜 유배생활이 끝나가고 고향에 돌아갈 날이 다가올 즈음 젊은 며느리가 요절하고 어린 조카들이 연이어 세상을 뜨는 허망한 인생사에 가슴을 쳤다.

그러나 아버지 다산은 고민만 하지 않았고 괴로워만 하지 않았으며, 혈루만 뿌리지 않았고 가슴만 치지 않았다. 궁핍한 유형지에서 항상 희망의 끈을 놓지 않고 때로는 다정하게 더러는 혹독하게 편지와 가계家誡로 자식들을 가르쳐 내일을 도모했다. 또한 요절한 자식과 젊은 나이에 가버린 자부와 어린 조카들을 위해 "누구와 다산은 어버지와 자식 사이였고", "누구와 다산은 시아버지와 며느리 사이였고", "누구와 다산은 작은아버지와 조카 사이였음"을 기록으로 남겨 하늘나라로 먼저 간 슬픈 영혼들을 위로하였으며 또한 후세 사람들이 이를 알게 하였다. 이렇게 다산은 우리에게 큰 울림을 주는 감동적인 아버지였다.

인간에 대한 이러한 따뜻한 사랑과 한, 시리고도 아린 아버지의 정[父情]이 있었기에 다산은 그 정을 나라와 백성들에게로 확산시킬 수 있었던 것이다. 바로 당나라 한유韓愈가 말한 바와 같이 하나로 보고 같이 사랑한 "일시이동인一視而同仁"과 가까운 것을 도탑게 하고 먼 것도 함께한 "독근이거원篤近而擧遠"을 실천한 것이다.

가정이나 사회에서 아버지의 위상이 점점 작아지는 세태에 이 책은 아버지란 존재가 얼마나 위대한지 알려줄 것이다. 또한 우리 주변의 아버지가 바로 다산과 같은 아버지임을 깨닫게 해줄 것이다. 다산 자신이 지극히 평범한 한 사람의 아버지였기 때문이다. 또한 부모로서 어떻게 자녀교육을 해야 하는지 그 기본 자세를 다시 돌아볼 수 있는 생각거리들이 있으며, 부정父情의 아름다운 세계를 다산이라는 훌륭한 거울을 통해 비춰보는 기쁨도 있으리라 생각된다. 혹 아버지 노릇을 하는 데 도움이 될 수도 있겠다.

학문의 길로 들어선 이후 줄곧 30여 년을 다산을 연구하여 그동안 다산학 연구서 7권을 세상에 내놓았다. 여덟번째인 이 책은 다산의 아름다운 아버지 정을 누구나 쉽게 이해할 수 있도록 기왕의 연구들을 쉽게 풀어쓰는 데 주력했다. 과연 그만의 아픔과 체험의 깊이로 빛나는 아버지 다산의 세계를 제대로 조명했는지 걱정이 앞선다. 어려운 여건 속에 책을 만드느라 수고한 글항아리 편집부에 감사드린다.

2010년 4월

설촌서재에서 **김상홍**

차 례

가난한 아버지의 슬픈 도덕

제 2 부

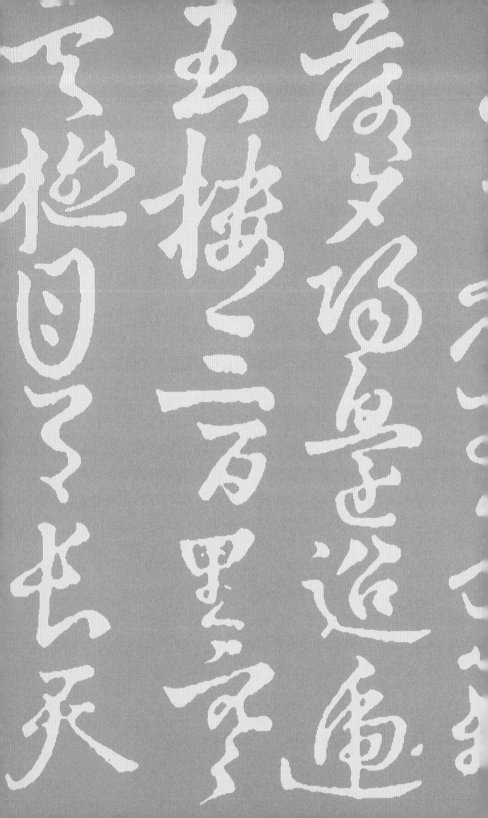

살아남은
자식들의
아버지
제1부

다산 정약용1762~1836은 5백 년 조선왕조가 배출한 위대한 선명자善
鳴者이다. 그는 18년간 고난에 찬 유배생활을 하면서도, 민초들이 겪
는 고초를 자신의 일로 받아들이면서 낡고 병든 나라를 개혁하여 새
로운 조선을 만들고자 치열하게 고민했다. 우리는 그의 선명을 '다
산학'이라고 한다. 다산학은 철학, 윤리, 역사, 정치, 사회, 문학, 의
학, 문헌학 방면으로 거침없이 뻗어가는 거대한 세계이다. 다산학
연구는 지금까지 철학, 정치, 문학 방면으로 많이 치중돼왔고 다산
학의 전모가 남김없이 파악되려면 아직 시일이 필요하다.

필자는 몇 년 전부터 '아버지'로서의 다산의 삶에 관심을 기울여
왔다. 그는 효제孝悌의 실천을 강조한 완벽한 윤리적 인간이었다. 지
독한 공부벌레였던 다산이었지만 공부 전에 '근본根本'을 갖춰야 하
고 근본은 바로 부모에 대한 효도에서 나온다는 확고한 믿음을 실천
한 그였다. 근본 없는 공부는 사상누각에 불과하다는 걸 다산의 삶
과 어록은 잘 보여준다.

그는 유배 시절 키워낸 제자 황상에게 "문사文史를 공부해라"라고
말한 적이 있었다. 황상이 "제게 세 가지 병통이 있습니다. 첫째는
둔하고, 둘째는 꽉 막혔고, 셋째는 미욱합니다"라고 답하자 다산이
아래와 같이 말했다.

공부하는 자들에게 있는 세 가지 병통을 너는 하나도 갖고 있지 않구나!

첫째는 기억력이 뛰어난 병통으로 공부를 소홀히 하는 폐단을 낳고, 둘째는 글 짓는 재주가 좋은 병통으로 허황한 데 흐르는 폐단을 낳으며, 셋째는 이해력이 빠른 병통으로 거친 데 흐르는 폐단을 낳는다. 둔하지만 공부에 파고드는 사람은 식견이 넓어지고, 막혔지만 잘 뚫는 사람은 흐름이 거세지며, 미욱하지만 잘 닦는 사람은 빛이 난다. 파고드는 방법은 무엇이냐. 근면함이다. 뚫는 방법은 무엇이냐. 근면함이다. 닦는 방법은 무엇이냐. 근면함이다. 그렇다면 근면함은 어떻게 지속하느냐. 마음가짐을 확고히 갖는 데 있다.

다산은 근면함이 마음가짐을 확고히 갖는 데 있다고 했다. 그렇다면 마음가짐을 어떻게 확고하게 가질 수 있는가. 그것은 '효'를 제대로 실천하는 데 있다고 보았다. "효도와 우애는 인을 실천하는 기본이다"라며 다산은 아들에게 주는 편지에서 늘 강조했고, 둘째 아들 학유에게는 "무릇 친구를 사귈 때에도 불효자와 형제끼리 우애가 깊지 못한 사람을 가까이하지 말라"는 당부도 하였다.

다산이 이렇게 생각한 것은 단순히 그가 공자의 가르침에 충실했기 때문만은 아니다. 그는 효와 우애가 충만한 가정에서 성장했다. 다산이 지은 계부 정재진의 묘지명에 따르면, 계부 재진은 조카 다산을 친아들처럼 보살폈고, 다산 역시 그를 친아버지처럼 섬겼다. 재진은 장형인 다산의 아버지에게 아침저녁으로 문안하는 등 그 섬

김이 극진했고 다른 형제와도 독실하게 우애했다. 또한 효를 으뜸에 놓는 다산의 생각은 그에게 정치적으로나 학문적으로 큰 영향을 미쳤던 녹암鹿庵 권철신權哲身, 1736~1801 가문으로부터 비롯된 측면도 크다. 다산은 권철신의 집에 한동안 머무른 적이 있었는데 그 집 분위기가 아래와 같았다.

아들과 조카들이 집 안에 가득하나 마치 친형제처럼 회합하니 그 집에 열흘이나 한 달을 머문 뒤에야 비로소 누구누구의 아들이라는 것을 겨우 구별할 수 있을 정도였다. 노비와 전지田地 또는 비축된 곡식을 서로 함께 사용하여 내 것 네 것의 구별이 조금도 없으니 집에서 기르는 짐승들까지도 모두 길이 잘 들고 순하여 서로 싸우는 소리가 없었다.

다산은 부모를 공경하고 형제간 우애를 지키는 것이 인간의 가장 기본적인 자세이며, 이것을 지키면 공부는 저절로 된다고 말했다. 따라서 다산은 누구보다 효자였고 자식들에게도 효를 강조했다. 교육자로서, 아버지로서의 다산의 삶을 주목하는 까닭은 위대한 철학자이자 실학의 집대성자로서 그가 남긴 학문적 업적이 어떤 배경에서 이루어졌는가를 이해하는 데 중요하기 때문이다.

이를 고리타분하다 여기지 말고 왜 다산과 같은 선명자가 이렇게 효를 강조했을까를 한번쯤 진지하게 받아들일 필요가 있다. 가족 해체가 심각하게 진행되고 있는 오늘날 인간을 옥죄는 갖은 고통과 번민이 어디에서 비롯되는지, 그 해결책은 무엇인지에 대하여 가슴 한 구석에 깨달음이 일어날 것이다. 그런 깨달음을 통해 우리는 다산을 더욱 가깝게 느끼고 이해하게 될 것이다. 필자가 이 책을 통해 아버지 다산을 소개하는 이유도 바로 여기에 있다.

유배의 역경 속에 많은 제자들을 양성한 훌륭한 교육자 다산에게도 자녀교육 문제는 쉬운 일이 아니었다. 특히 유배지에서 머나먼 고향에 있는 자식을 교육시키는 것은 보통 일이 아니었다.

다산은 일찍이 유배지에서 요즘말로 자식들을 원격교육했다. 고향에 있는 두 아들에게 편지와 가계家誡를 보내 지속적으로 숙제를 내주고 공부하도록 다독였다. 가계란 훈계의 글, 경계하는 글이다. 원격교육distance education은 문자 그대로 교육이나 학습활동의 두 주체인 가르치는 사람과 배우는 사람 사이의 가까운 공간에서 하는 '대면face-to-face 교육'이 아니라 상당한 거리가 있다는 것을 전제로 모든 교육활동이 기획되고 실천된다.

동양권에서 전통적으로 해온 부모의 자식 교육은 원래부터가 대면 교육이 아니었다는 점을 염두에 둬야 한다. 부모가 자녀를 직접 가르치기보다는 조부를 통한 '격대교육隔代教育'을 시키거나 같은 가문의 친척 학자에게 배우라고 보내는 게 일반적이었다.

맹자도 공손추와의 문답에서 "군자는 아들을 직접 가르치는 법이 아니다"라고 하면서 아들을 직접 가르치지 않고 다른 선생에게 배우게 하였다. 맹자의 말을 들어보자.

군자가 자기의 자녀를 직접 가르치지 않는 이유는 교육의 자세가 무너지기 때문이다. 교육자는 반드시 바른길로 가르치나, 바른길로 가르쳐도 실천하지 않으면 성내어 꾸짖게 되고, 성내어 꾸짖고 때리면 도리어 감정이 상하게 된다. 만일 극단적으로 사제 관계가 악화되어 '아버지가 나를 바른길로 가르치지만, 아버지도 바른길로 나아가지는 못한다.'고 원망하게 되면, 부자의 친밀한 관계를 해치게 된다. 아버지와 아들이 서로 멀어지는 것은 죄악이다.

이런 이유로 맹자는 직접 가르치지 않고 가끔 질문하면서 아들이 공부하는 자세를 바르게 유지하고 있는지 점검하는 선에서 그쳤다.

과연 다산이 유배객의 처지가 되지 않았다면 자식 교육을 다른 사람에게 맡겼을까? 그럴지도 모른다. 폐족이 아닌 이상 다산 주변에 훌륭한 학자들이 차고 넘쳤을 테니 말이다. 반대로 아닐 수도 있다. 아버지 본인보다 좋은 스승이 없을 때 굳이 다른 곳에 보내고 싶은 마음이 들지 않을 수도 있다.

부질없는 가정이다. 현실의 다산은 창졸간에 머나먼 남쪽 바닷가로 떠나야 했고, 아이들을 직접 가르칠 수 없게 됨과 동시에 아이들의 교육을 책임져야 하는 어려운 상황에 처했다. 이어지는 글에서 우리는 그가 어떤 불굴의 의지로 두 아들을 가르치고, 그들이 나약해지지 않게 독려하고 쓰다듬고 때로는 혹독하게 훈련시키는지를 살펴볼 수 있다. '아버지 다산'을 조명하는 일이 곧 그의 교육철학과 실천을 이해하는 일이 되는 이유가 바로 여기에 있다.

다산이 유형지에서 아들에게 보낸 서간과 가계를 살펴보면 그 줄기가 크게 세 갈래로 정리될 수 있다. '폐족의 생존 방법'과 '실용경제관', '학문 전승을 위한 공부'가 그것이다. 지금부터 이것들을 차례대로 들여다본다.

폐족의 생존법을 가르치다

다산은 열다섯 살 때 홍화보洪和輔의 딸 풍
산 홍씨1761~1838와 결혼했다. 6남 3녀를 낳았으나 불행하게도 4남
2녀가 요절해 2남 1녀만 장성할 수 있었다. 다산은 살아남은 자식
에 대한 기대와 꿈이 컸다. 그러나 그의 유배로 인하여 자식들은
벼슬길에 오를 수 없는 폐족廢族이 되었다. 폐족은 조상이 범한 중
죄로 그 자손이 벼슬을 할 수 없게 된 집안을 뜻한다.

1801년 신유사옥으로 셋째 형 정약종은 참수되고, 다산과 둘째
형 정약전은 유배에 처해진다. 당시 다산은 40세였고, 장남 정학연
1783~1859은 18세로 지금의 고등학교 2학년에, 차남 정학유
1786~1855는 15세로 중학교 2학년에 해당하는 나이였다. 그리고 후
일 윤창모1795~1856에게 시집간 딸1794~1856은 당시 8세로 초등학교
1학년의 나이였다.

이렇게 다산의 자녀들은 하루아침에 가문이 몰락하여 숙부가 참형을 당하고 아버지와 중부仲父가 유배되는 참극을 만났다. 이들이 겪은 충격과 정신적 공황은 실로 지대했다. 다산은 이를 간파하고 유배지에서 자녀교육에 심혈을 기울였다. 다산은 귀양지에서 서간과 가계를 보내 자칫 공부를 포기하고 나쁜 길로 빠질 위험이 있는 자녀들을 다독이고 공부를 시켰다. 때로는 아들을 유형지로 불러 내려 가르치기도 했다.

다산이 유배지에서 아들에게 보낸 편지는 모두 26통이다. 1801년 경상도 장기로 유배를 떠난 것은 2월 27일인데, 두 아들에게 첫 편지를 보낸 것은 사흘 만인 3월 2일이고, 마지막 편지는 1816년병자, 다산 55세 강진에서 6월 17일에 쓴 것이다.

가계는 모두 9편인데 처음 것은 1808년무진, 다산 47세 4월에 쓰여졌고 가장 늦은 것은 1810년경오, 다산 49세 9월에 다산초당 동암에서 보낸 것이다. 서간이나 가계는 모두 폐족의 생존법과 가산을 일으킬 만한 실용적인 경제교육, 그리고 자신의 학문을 계승하고 후일을 위해 학문에 전념하기를 염원한 내용이 주를 이루고 있다.

다산은 자신으로 인해 폐족이 된 두 아들에게 생존교육을 치열하게 시키면서 복권될 그날을 대비하게 했다.

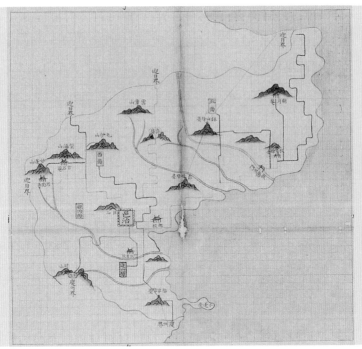

장기 지도, 규장각한국학연구원 소장.

다산의 첫번째 유배지는 경북 장기군이었다. 다산은 장기 유배생활 220일 동안 무려 130수의 시를 남겼고, 서인과 남인 사이 기해년의 예송을 다룬 『기해방례변』과 한자 발달사에 관한 『삼창고훈』 등 6권의 책을 저술했다. 다산은 장기읍성에서 해돋이를 보며 시를 썼고 장기천을 따라 신창리 앞바다까지 가서 어민들이 고기 잡는 걸 보며 시를 썼다. 그는 또 어민들이 칡넝쿨로 그물을 만드는 걸 보고 명주로 그물 만드는 법을 가르쳐 주는 실사구시를 실천했다.

술은 이렇게 마셔라

폐족의 생존 전략 가운데 첫째는 금주이다. 다산은 "술은 나라를 망치고 가정을 파탄[亡國破家]시키는 만큼 아들에게 금주할 것을 요구하였다. 특히 차남 학유에게 보낸 편지에서 주량이 많은 것을 걱정하였다. 1816년 이후에 쓴 것으로 추정되는 「기유아寄游兒」를 보자.

네 형이 왔기에 시험 삼아 술을 마시게 했더니, 한 잔을 마셔도 취하지 않더구나. 그래서 동생인 너의 주량은 얼마나 되느냐고 물었더니, 너는 너의 형보다 배도 넘는다고 하더구나. 어찌하여 글공부에는 이 애비의 성벽을 계승하지 않고 술만은 이 애비를 넘느냐. 이것은 좋은 소식이 아니다.

1816년이면 유배된 지 16년이 지난 시점이라 다산 부자는 유배지에서 술상을 두고 대화할 만큼 삶의 여유를 찾고 있었다. 아버지는 결혼하여 자식까지 낳은 큰아들 학연33세에게 술상을 차려주었다. 고작 나물에 탁주였겠지만, 학연은 눈물이 났으리라. 술은 부모에게 배우는 것이라고 했거늘, 학연은 그럴 기회가 없었다. 이제 나이가 들 만큼 들어서 아버지가 따라준 술을 받으니 그 감회는 슬픔인가 기쁨인가. 부모 앞에서 마시는 술은 긴장해서 취하지 않는다. 학연의 모습은 다산에게 술이 센 것으로 인식되었다. 아들이 아버지가 쳐놓은 그물에 걸려들고 말았다. 다산은 차남 학유가 술을 잘 한다는 소리가 들려오던데 주량이 얼마냐고 물었고, 학유의 주량이 학연의 주량 "2배도 넘는다"는 이야기를 듣고는 우려를 금치 못했다. 술을 좋아한다는 것은 학문하는 자의 성벽이 아니고, 다산이 그토록 경계해왔던 음풍농월하는 시인들의 기질이었기 때문이다. "어찌하여 글공부에는 이 애비의 성벽을 계승하지 않고 술만은 이 애비를 넘느냐. 이것은 좋은 소식이 아니다"라고 개탄한 다산은 이어서 자신의 주량을 밝혔다.

나는 태어난 이래 아직까지 크게 술을 마셔본 적이 없으나 자신의 주량을 알지 못한다. 포의布衣로 있을 때에 중희당重熙堂에서 삼중소주三重燒酒를 옥필통에 가득히 부어서 하사하시기에 사양하지 못하고 마시면서 "나는 오늘 죽었구나" 마음속에 혼자 생각했었는데, 몹시 취하지는 않았다. 또 춘당대에서 임금님을 모시고 고권考券할 때에 맛있는 술을 큰 사발로 한 그릇 하사받았는데, 그때 여러 학사들은 크게 취하여 인사불성이 되었다. 그래서 어떤 이는 남쪽으로 향하여 절을 올리기도 하고 어떤 이는 연석에 엎어지고 누워 있고 하였지만, 나는 시권試券을 다 읽고, 착오 없이 과차科次도 정하고 물러날 때에야 약간 취했을 뿐이었다.

정조와 다산의 인연은 각별하다. 다산은 22세에 열 살 연상인 정조를 처음 만났는데, 그가 경의과 진사시험에 합격하여 성균관에서 공부할 때였다. 1784년 정조는 성균관 학생들에게『중용강의 中庸講義』80조목에 대해 답변하라는 숙제를 내줬다. 이때 광암 이벽은 이발이기설에 대해 퇴계의 입장을 지지했고, 다산의 해석은 율곡 이이의 입장과 맞아떨어졌다. 정조는 다산의 대답을 듣고는 크게 칭찬하여 그를 1등으로 삼았고 그후로 다산에 대한 왕의 총애는 끊임없었다.

중희당은 정조 재위 시절 지어진 창덕궁의 전각으로 주로 세자가 머물던 곳이다. 정조는 이곳으로 관리들을 불러 담소를 나누기도 하고, 학문과 관련된 담론을 펼치기도 했는데 다산은 1787년 중희당에 불려가서 정조로부터『병학통兵學通』을 하사받기도 했다. 2년 뒤인 1789년 다산이 대과에 합격하여 벼슬길에 들어섰으니, '포의'일 때 옥필통에 독한 소주를 한가득 부어준 '사건'이 일어난 때는 아마 1784년에서 1787년 사이일 것이다. 술을 모르고 살던 20대 중반의 다산에게 옥필통에 찰랑찰랑한 소주는 호수 같지 않았을까. 게다가 옥돌로 만든 필통은 붓을 꽂아놓는 용도였기 때문에 깊고 넓었다. 임금이 보는 앞에서 도수가 40도에 육박하는 독한 소주를 단숨에 기꺼이 마셔야 했으니 다산으로서는 '나는 죽었구나'하며 심호흡을 하지 않을 수 없었을 것이다. 결과는, 놀랍게도 하나도 취하지 않았다.

춘당대春塘臺는 과거시험을 치르던 창덕궁 영화당暎花堂 앞마당인데 이곳에서 정조와 문신들이 과거시험 채점을 하고 있었던 모양이다. 학문을 좋아한 엄격한 군주였지만 고생하는 신하들에게 베풀 줄 알았던 정조는 또 풍류를 발휘하여 술 한 사발씩을 돌렸다. 채점이 제대로 이뤄질 리가 없다. 대충 매기고 술이나 마시자는 분위기로 받아들인 신하들이 마음껏 들이키고 있을 때 다산은 시험지를 꼼꼼히 읽고 등수를 매긴 다음 인사하고 물러날 때에야 약간의 취기를 느꼈다고 말하고 있다. 긴장된 탓이라고만 보기엔 힘들지 않을까. 기본적으로 다산은 술에 강한 체력이었다. 다만 평소에 술을 즐겨 마시지 않았을 뿐이다. 학유에게 보낸 편지를 계속해서 읽어보자.

그렇지만 너희들은 내가 술을 반 잔 이상 마시는 것을 본 적이 있느냐. 참으로 술맛이란 입술을 적시는 데 있는 것이다. 소가 물을 마시듯 마시는 저 사람들은 입술이나 혀는 적시지도 않고 곧바로 목구멍으로 넘기니 무슨 맛이 있겠느냐. 술의 정취는 살짝 취하는 데 있는 것이다. 저 얼굴빛이 붉은 귀신과 같고 구토를 해대고 잠에 곯아떨어지는 자들이야 무슨 정취가 있겠느냐. 요컨대 술 마시기를 좋아하는 자들은 대부분 폭사暴死하게 된다. 술독이 오장육부에 스며들어 하루아침에 썩기 시작하면 온몸이 무너지고 만다. 이것이 크게 두려워할 만한 점이다. 무릇 나라를 망하게 하고 가정을 파탄시키는 흉패한 행동은 모두 술에서 비롯된다. 그러므로 옛날에는 고觚라는 술잔을 만들어 절제하였다. 후세에서는 그 고라는 술잔을 쓰면서도 능히 절제하지 않으므로 공자는 "고라는 술잔을 사용하면서도 주량을 조절하지 못한다면 고라고 할 수 있겠는가"라고 말씀했던 것이다. 너처럼 배우지 못하고 식견이 좁은 폐족의 한 사람으로서 못된 술주정뱅이라는 이름이 더 붙게 된다면 앞으로 어떤 등급의 사람이 되겠느냐. 경계하여 절대로 입에 가까이하지 말아서, 제발 하늘 끝 변방에 있는 이 애처로운 애비의 말을 따르도록 하여라. 술로 인한 병은 등창이 되기도 하며, 뇌저腦疽·치루痔漏·황달 등 별별스런 기괴한 병이 있는데, 이러한 병이 일어나면 백약이 효험이 없게 된다. 너에게 빌고 비노니, 술을 입에서 끊고 마시지 말도록 하여라.

다산은 자식들을 가르칠 때 좋은 것과 나쁜 것, 가릴 것과 가리지 않아도 될 것, 중요한 것과 덜 중요한 것을 항상 구분해서 일러주었으며, 구체적인 예를 들어 확실히 이해할 수 있게 했다. 다산은 "내가 술을 반 잔 이상 마시는 것을 본 적이 있느냐"고 운을 뗀 뒤 "술맛이란 입술을 적시는 데 있는 것"이고 "술의 정취는 살짝 취하는 데 있다"고 말한다. 이것은 사대부, 선비, 공부하는 학자로서 술을 대해야 하는 정도正道이다. 술은 취하도록 마시는 게 아니라 공부의 독을 풀고, 인간의 정신을 적절하게 고양시키는 데 있다는 점을 강조했다. 다산은 공자 시대를 예로 들었다. 중국 고대에는 고觚라는 각진 술잔을 만들어 술을 물 마시듯 하는 것을 경계하는 문화가 있었는데, 이 모서리가 시대를 지나오면서 차츰 닳아 없어지더니 공자 시대에 오자 술잔이 둥글게 되면서 고觚라는 이름이 유명무실해졌다. 그래서 공자가 "고불고觚不觚", 즉 "고는 고로되 고가 아니로다"라고 탄식했다는 이야기다.

또한 다산은 술을 마시면 폭사暴死하게 된다고 '겁'을 줬다. 예로부터 부모의 '잔소리'는 이처럼 "세상 무서운 걸 모른다"는 식으로 이뤄져왔다. 다산도 예외는 아니다. 의학 지식이 풍부했던 만큼 다산의 비유는 실감난다. "오장육부에 스며들어 썩기 시작하면 한순간에 무너진다"느니, "등창, 뇌저腦疽, 뇌졸중, 치루痔漏, 치질의 일종, 황달 등을 유발시킨다"는 표현에는 아이들이 이 단어를 접하고 겁을 내어 스스로 경계하기를 바라는 부모의 마음이 농축돼 있다. 마무리는 '애원'에 가깝다. "제발 하늘 끝 변방에 있는 이 애처로운 애비의 말을 따르도록 하여라. 이 애비가 빌고 빈다"고까지 하고 있으니 말이다.

가부장의 권위가 추상 같던 시대에 이렇게까지 다산을 애타게 만든 부자간의 '음주 갈등'은 분명 다산의 귀에 들어간 두 아들의 행실에 대한 풍문에서 비롯되었을 것이다. 술로 패가망신한 사례는 다산 스스로도 너무나 많이 봐왔고, 폐족의 처지에 술에 맛을 들이면 다시 일어설 희망은 영영 없다는 것에 대하여 다산은 멀리 떨어진 유배지에서 이토록 겁을 내었던 것이다. 자신으로 인해 과 거길이 막힌 두 아들이 술로써 그들의 나머지 인생까지 망치게 될까봐 아버지 다산은 두려웠던 것이다.

다산의 장남 정학연은 76년의 생애를 살았고, 형보다 술을 잘 마셨던 차남 정학유는 69세로 운명하였다. 그래도 두 아들은 자연적인 수명을 다 누리고 죽었으니 다산이 우려한 사태는 벌어지지 않았다고 볼 수 있다.

폐족에게 학문이란 무엇인가

폐족의 두번째 생존 전략은 폐족일수록 학문에 더욱 매진하라는 것이다. 다산은 자신의 유배로 인하여 자식들의 벼슬길이 막힌 것에 심한 중압감을 느꼈다. 1801년 10월 북경의 천주교 주교에게 조선의 천주교 탄압과 참상의 실상을 보고한 황사영 백서사건이 나자 다산은 경상도 장기 유배지에서 체포되어 서울로 압송된다. 조사 결과 황사영 백서사건과 무관함이 밝혀졌으나 다시 유배되어 11월 5일 전라도 강진으로 출발한다. 이듬해인 1802년 2월 7일에

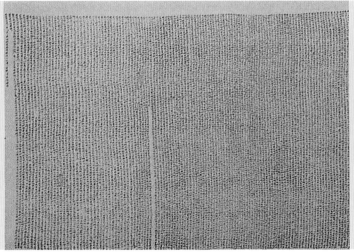

황사영 백서黃嗣永帛書.

황사영 백서는 1801년(순조 1) 신유사옥 때 천주교 신자 황사영이 중국 천주교회 북경교구의 천주
교 주교에게 혹독한 박해에 대한 전말을 보고하고 그 대책을 흰 비단에 기입한 밀서密書이다. 황
사영은 경상도 창녕昌寧 사람으로 정약현丁若鉉(다산의 맏형)의 사위이다. 황사영은 이 백서를 황
심黃沁과 옥천희玉千禧로 하여금 음력 10월에 떠나는 동지사 일행에 끼어서 중국 천주교회 북경교
구의 주교에 전달하려고 하였으나 도중에 적발되었다. 백서에 사용된 편지지는 길이 62미터, 너
비 38센티미터의 흰 비단이었으며, 한 줄에 110자씩 121행, 도합 1만 3천여 자를 먹으로 썼다.

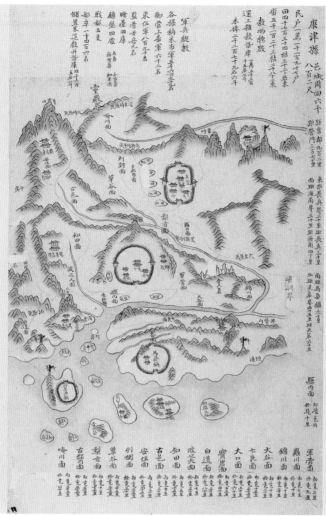

강진현도康津縣圖.

다산이 18년 유배생활의 대부분을 보냈던 강진현의 지도이다. 처음 이곳에 왔을 때 지방 수령과 주민들은 죄인이라 적대시했으며, 다산은 주막집의 토방에서 밖에 나올 수도 없이 그야말로 수인囚人의 4년 세월을 보냈다. 지도의 한가운데를 자세히 보면 다산이 큰아들 학연과 함께 1년여 머물렀던 고성사 보은산방이 위치한 보은산이 보인다.

고향의 두 아들로부터 편지를 받고 답장한 「답이아蓉二兒」를 보자.

폐족으로서 글을 배우지 않고 예의가 없다면 어찌하겠느냐. 모름지기 보통 사람보다 백배의 공력을 더해야 겨우 사람 축에 들게 될 것이다. 나는 고생이 매우 많다. 그러나 너희들이 책을 읽고 몸가짐을 잘한다는 말을 들으면 이로써 근심이 없어진다. 큰아들 학연이는 아무쪼록 4월에 말을 사서 타고 오게 하여라. 그러나 헤어질 것을 생각하니 벌써부터 마음이 괴롭구나. 임술, 1802년 2월 7일

조선사회에서 폐족의 삶은 쓸쓸하고 처연한 것이지만, 무엇보다 사람들의 손가락질을 피할 수 없다는 점이 가장 고통스러웠다. 다산은 폐족에다 아비 없는 두 아들이 밖에서 고개를 들고 다니려면 두 배 세 배 노력해야 한다고 생각했다. 다산은 그 뜻이 전달되지 못할까 하는 마음에 "백배의 공력을 더해야" 한다고 말하고 있다. 그러고는 큰아들 학연을 자신의 곁으로 불렀다. 비록 없는 살림이지만 머나먼 강진까지 고생스러운 여로를 걱정하는 아버지의 심정이 "말을 사서 오라"는 말에 소복하게 담겨 있고, 오지도 않았는데 벌써 헤어질 것을 아파하는 모습에서도 자식을 향한 진한 부정父情이 읽는 이의 마음을 애틋하게 한다.

큰아들이 말을 사서 타고 1802년 4월에 강진에 온 기록은 다산

의 문집인 『여유당전서』에는 보이지 않는다. 큰아들이 강진에 왔다면 그 반가움에 시를 짓거나 다녀간 기록을 남기지 않았을 다산이 아니다. 아마 집안 살림을 챙겨야 하는 장남으로서 생업을 놓고 긴 여행을 떠나기가 쉽지 않았으리라 짐작된다. 큰아들은 마늘농사를 지어 이를 시장에 내다 팔아 노자를 마련한 뒤 아버지가 유배된 지 5년째인 1805년 겨울에 멀고 먼 강진을 찾아갔다. 당시 다산은 44세였고 아들 학연은 22세의 청년이었다.

이때 쓴 시 「학가래 휴지보은산방유작學稼來携至寶恩山房有作」을 보면 아들이 타고 온 말에 관한 이야기가 나온다. 이 시의 첫머리는 "손님이 와 문을 두드리는데 / 자세히 보니 바로 우리 아들이었네 / 수염이 더부룩이 자랐는데 / 미목眉目을 보니 그래도 알 만하였네 / 너를 그리워한 지 사오 년에 / 꿈에 보면 언제나 아름다웠네 / 장부가 갑자기 앞에서 절을 하니 / 어색하고 정도 가지 않아 / 안부 형편은 감히 묻지도 못하고 / 우물쭈물 시간을 끌었다네"이다. 이 시의 "너를 그리워한 지 사오 년에 / 꿈에 보면 언제나 아름다웠네 憶汝四五載 夢見每丰姿"라는 시구에서 큰아들 학연이가 5년 만에 강진으로 아버지를 찾아 뵌 것을 알 수 있다. 이어서 아들이 타고 온 말에 관한 부분을 보자.

입은 옷이 황토 범벅인데
허리뼈라도 다치지나 않았는지

종을 불러 말 모양을 보았더니
새끼당나귀에 갈기가 나 있었는데

내가 성내 꾸짖을까봐서
좋은 말이라 탈 만하다고 하네

말은 안 해도 속이 얼마나 쓰리던지
너무 언짢고 맥이 확 풀렸다네

당나귀는 말보다는 빠르지 않지만, 덜 위험한 동물로서 조선시대 유생들의 교통수단으로 많이 이용되었다. 사서에는 조관朝官들도 당나귀를 이용했다는 기록이 보인다. 짧은 거리를 움직이거나 골목에서 짐을 나를 때 당나귀는 곧잘 애용됐다. 반면 먼 길을 갈 때 양반들은 당나귀보다 좀 비싸더라도 대부분 말을 탔다. 장거리 여행에서 당나귀에 많은 짐을 탑재한 후 사람도 같이 타고 움직이기는 불가능하다. 그러려면 당나귀가 두 마리 필요하다. 결국 말을 사서 움직일 돈이 없는 사람들이, 짐만 어찌어찌 당나귀에게 지우고 자신은 걸어서 여행하는 그림이 된다. 다산의 큰아들 학연이 타고 온 것은 당나귀 중에서도 '새끼'였다. 요즘 말로 '승용차'는 말할 것도 없고 '자전거'조차 안 되는 도보여행을 한 것이다. 오랜만에 찾아 뵙는 아버지 갖다드리라고 집에서 챙겨준 음식이며 옷가지를 날라야 했으니 없는 돈에 새끼당나귀를 구해서 온 것이다. 아들의 옷이 황토 범벅이 된 모습을 보고 아버지는 무어라 말을 잇지도 못했다. 이 모든 사정을 한눈에 알아본 아버지 앞에서 "좋은 말이라 탈 만합니다"라고 대답했으니, 세상의 버림을 받은 부자의 가난한 모습이 너무나 아리고 슬프다. 그러나 다산은 역경 속에서도 좌절하지 않았다. 꿈과 희망을 심어주기 위해 지속적으로 편지와 훈계를 통해 자식들을 가르쳤다. 계속해서 1802년 2월 7일에 두 아들의 편지를 받고 쓴 「답이아」를 보자.

내가 너희들의 지취志趣를 보니, 문자를 폐지하려고 하는 것 같은데, 참으로 비천한 무지렁이인 맹예氓隷가 되려고 그러느냐? 청족淸族일 때는 문자를 하지 않아도 혼인도 할 수 있고 군역도 면할 수 있거니와, 폐족이 되어서 문자를 하지 않는다면 어떻게 되겠느냐. 문자는 그래도 여사餘事에 속하거니와, 학문을 하지 않고 예의가 없으면 금수와 다를 것이 있겠느냐. 폐족 중에 왕왕 기재들이 많은데, 이는 다름이 아니라 과거공부에 얽매이지 않기 때문에 그러한 것이니, 절대로 과거에 응시할 수 없다 하여 스스로 좌절하지 말고 경전에 힘과 마음을 써서 책 읽는 자손이 끊어지지 않게 하기를 간절히 빌고 빈다. 2월 17일

'문자'는 여사餘事라는 말은 여기서는 서예와 시문 짓기를 가리킨다. 다산의 두 아들은 집안이 망한 마당에 고아한 취미에 힘을 쏟을 심리적, 물질적 여유도 없었으리라. 아름다운 글과 시를 써도 그것을 읽어줄 친구가 없고, 선비들의 시 모임에서 발표할 기회도 한번 갖지 못할 터인데 써서 무엇 하겠는가. 하지만 아버지는 이런 태도가 경전 읽기와 같은 공부의 게으름으로 이어질까봐 두려워했다. "폐족 중에 기재奇才가 나온 역사적 사례를 언급하며, 과거공부에 시간을 빼앗기지 않고 자유롭게 읽고 쓰면 대가로 성장할 수 있다는 점을 강조한다. 그리고 공부를 그치는 것은 "너희의 문제"가 아니라 집안에서 "책 읽는 자손이 끊어"지는 심각한 문제에 속한다는 것도 일깨워줬다.

상식적으로 볼 때 학문을 강조하는 다산의 가르침은 이해하기 힘든 부분이 있다. 자식들로서는 아버지도 안 계시는 집안에서 어머니를 모시고 누이동생을 데리고 살아가려면 먹고사는 고민이 가장 우선이 아닌가 하는 반감이 들 수 있다. 과연 그럴까? 우리는 다산이 말하는 '학문'이 오늘날 고시공부나 수능공부와 다르다는 것을 알아야 한다. 편지에서의 학문은 인간답게 살기 위한 하나의 방

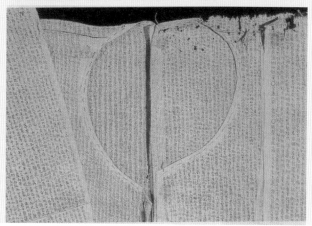

파거공부의 참고서와 커닝 페이퍼.

위쪽은 조선시대 선비들이 파거시험을 준비할 때 보던 책으로 오늘날로 치면 출제에
상문제집이라고 할 수 있다. 아래는 중국의 파거시험에서 버붐을 커닝페이퍼로 활용
했던 모습이다. 빽빽하게 쓰여진 글이 보는 이를 아연케 한다.

책으로서 제시된 것이다. 인간답게 산다는 것은 남에게 피해 끼치지 않고, 사람들에게 인격적으로 존중받고, 앎을 베풀 줄 아는 삶이 아니겠는가. 존경을 받으려면 지식을 많이 습득하는 것이 중요한 게 아니라 『논어論語』와 『예기禮記』 등의 고전에서 누누이 강조되고 있는 효孝, 경敬, 성誠과 같은 가치를 몸에 익혀 삶의 모범을 보이는 사람이어야 한다. 가족을 건사하고, 이웃에 손을 안 벌리고, 자립하여 결혼하고 가문을 일으켜 세우는 모든 일이 학문적 바탕 위에서 이루어져야 한다는 것이었다. 다산은 결코 추상적으로 어떤 이상향을 설정하고 그걸 자식들에게 강요할 만큼 무책임한 아버지는 아니었다. 철저히 현실을 받아들이고 도리에도 어긋나지 않는 삶을 추구하는 아버지였다. 만약 폐족의 처지에서 학문으로 일가를 이루지 못한다면, 두 아들의 삶은 인간적으로 보람되지도, 경제적으로 윤택하지도 못할 것이라는 게 아버지 다산의 걱정이었다.

서울 10리 안에 거주하라

폐족의 세번째 생존 전략은 복권될 날을 대비하여 서울의 10리 안에서 거주하라는 것이다. 아버지 다산은 폐족이 되어 집안이 몰락하였으나 두 아들이 고향을 지키며 집안을 일으키기를 「시이자

가계示二子家誡」에서 염원하였다.

우리 집안의 마현 역시 그러하니 비록 전답이 무척 귀하고 수리水利와 땔감 구하기가 불편하긴 하지만 차마 쉽게 떠날 수 없는 곳이다. 더구나 요즘 상란喪亂을 당한 뒤이겠느냐? 참으로 재간이 있다면 이곳에서도 가업을 일으킬 수 있지만 게으르고 사치스러운 습관을 고치지 않는다면 아무리 기름진 곳에 살더라도 배고픔과 추위를 면하지 못할 것이니, 옛 터전을 굳게 지켜야 한다.

지금은 팔당호가 지척에서 넘실대는 풍요로운 땅이지만, 다산이 살 때만 해도 마현은 농사를 지을 전답이 귀하고 수리시설이나 땔감이 부족해 살기 불편했다. 평소야 모르겠지만 폐족이 된 연후에 이런 불편함은 큰 생활의 고통으로 다가올 것임을 다산은 잘 알고 있었다. 그래서 자식들이 경거망동하지 않도록 단단히 주의를 주는 것이다.

위의 글은 '가족의 생존'을 위한 충고이고 가문의 삶을 살아갔던 조선시대 사람들의 일반적인 고향의식이 드러난 글이다. 고향이 뿌리 뽑힌 오늘날 이런 충고는 현실성이 좀 떨어질 수 있다. 하지만 명절이나 집안 대소사에서 고향의 부재는 종종 게릴라성 허무의 출현을 불러온다. 그럴 때 사람들은 '돌아갈 곳이 없는 삶'에 정학연, 「해금강시」, 『운림묵연첩』 중, 조선 19세기, 종이에 먹.
다산의 큰아들 정학연의 글씨다. 해금강을 보고 쓴 이 시는 "순풍에 물결 따라 배가 한 척 들어오너, 드높은 바위들이 물가에 솟았네"라고 시작하는 아름다운 시구와 함께 특히 활달한 필치가 돋보인다.

대하여 생각한다. 삶의 전쟁터가 곧 돌아갈 고향이라면 이것을 빼앗기지 않기 위하여 경쟁은 또 얼마나 치열하겠는가. 오늘날 고향은 뿌리 뽑혔지만 고향에서의 추억은 평생의 추억 중에서 가장 생생하다. 그리고 고향에서의 넉넉한 삶은 유전자로 몸속에 남아 유토피아라는 유행병의 형태로 반복된다.

아래의 이어지는 글에서 다산은 고향에 터전을 튼튼히 닦아놓은 다음에는 서울이나 그 근교에서 새로운 보금자리를 마련하는 것이 좋다고 말하고 있다.

중국은 문명이 일반화되어 궁벽한 시골이나 먼 산 구석의 마을에 살더라도 성인도 될 수 있고 현인도 될 수 있다. 그러나 우리나라는 그렇지 못하여 도성의 문에서 몇십 리만 벗어나도 태고의 원시사회가 되어 있으니, 더구나 멀고 먼 외딴곳이야 말할 게 있겠는가? 무릇 사대부의 가법家法은 벼슬길에 나갔을 때에는 빨리 높직한 산언덕에 셋집을 내어 살면서 처사의 본색을 잃지 말아야 하고 만약 벼슬에서 떨어지게 되면 빨리 서울에 의탁해 살 자리를 정하여 문화文華의 안목을 떨어뜨리지 않아야 한다. 나는 지금 이름이 죄인의 명부에 적혀 있으므로 너희에게 우선은 시골집에서 숨어 지내도록 하였다만, 뒷날의 계획은 오직 서울의 십 리 안에서 거처하는 것이다. 만약 가세가 쇠락하여 도성으로 깊이 들어가 살 수 없다면 모름지기 잠시 근교에 머무르며 과수를 심고 채소를 가꾸어 생계를 유지하다가, 재산이 좀 넉넉해지기를 기다려 도심의 중앙으로 들어가더라도 늦지는 않을 것이다.

다산이 살던 시대에 중앙과 지방의 차이는 오늘날보다 더 격심했다. 조선은 모든 세금을 중앙이 우선 거둬들여 지방으로 다시 내려 보낼 정도로 중앙집권화된 사회였으며, 이는 문화적으로도 마찬가지여서 경화세족京華勢族 등 서울 중심으로 형성된 문화지배 세력과 경기도 인근의 다양한 모임까지 지식인 네트워크 또한 수도 근방을 벗어나지 않았다. 조선의 자녀교육에서도 서울 집착은 벗어던질 수 없는 굴레였다. 더군다나 "도성의 문 몇십 리만 벗어나도 태고의 원시사회"여서야 오죽했겠는가.

그 격차는 한번 벌어지면 극복할 수 없는 것이기에 다산은 "문화의 안목을 떨어뜨리지 않기 위해"라는 표현을 쓰고 있다. 여기서 문화文華라는 용어를 잠깐 살펴보자. '화華'는 화려함이다. 그래서 문화는 글의 화려함이자, 동시에 문화의 화려함이다. 로마나 남송南宋의 항주杭州처럼 국제적인 코스모폴리탄이 바로 문화의 전형적인 상징이다. 문화는 배워서 얻는 것이 아니다. 직접 살아야 내 것이 된다. 배워서 되는 것이 아니기에 다산은 살라고 했다. 수도 깊숙이 들어갈 수 없다면 근방 10리 안에서 후일을 도모하더라도 살라고 했다. 이 얼마나 현실적인 이야기인가.

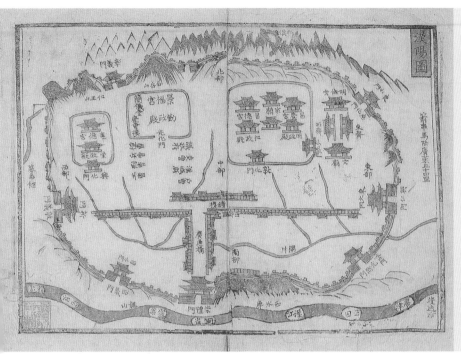

한양도漢陽圖, 지본채색, 25.3×35cm, 1822년.

대궐을 중심으로 육조가 늘어선 조선의 수도 한양을 그린 그림이다. 조선은 중앙집권국가로 지
방의 세금이 모두 이곳으로 올라왔다가 다시 지방으로 분배되었다. 다산은 아들에게 준 편지에
서 문화文華의 감각을 잃어버리지 않으려면 서울 10리 안에 거주해야 한다고 했다.

다산이 편지를 보낸 것은 유배된 지 얼마 되지 않았을 때이니 곧 자신이 복권될 날이 올 것을 믿었을 것이다. 18년 동안 강진에서 살리라고는 생각하지 못했을 때였다. 그는 정조 재위 시절 한 번 지방으로 좌천되었다가 중앙 정계로 복귀한 경험도 있었다. 설사 그 날이 조금 더디 오더라도 다산은 자식들에게 반드시 다시 청족이 될 날이 있을 것이라는 확신을 심어준 것이다. 그리고 그 대비책도 빼놓지 않고 일러주었다.

과거를 준비하고 경제를 파악하라

폐족의 네번째 생존 전략은 과거 준비와 함께 경제에 관심을 가지라는 것이다. 유배 7년째가 되던 1807년정묘, 46세에 자질들에게 보낸 시에 화답한 「화기제자질운和寄諸子姪韻」에는 다음과 같이 격려한 내용이 들어 있다.

집안의 흥망이란 굴러가는 바퀴 같은 것
연장 갖춘 후 때 기다리면 쓰일 날 왜 없겠나

문자란 잘 익혀서 사해를 밝게 하라

구속된 삶도 고관대작도 그 모두가 꿈이란다.

집안의 흥망은 굴러가는 수레바퀴와 같아 실력을 갖추어놓으면
반드시 쓰일 날이 있다고 격려한 것은, 어떠한 경우라도 희망과 꿈
을 버리지 말라는 것이다. 또한 지금 당장 몸이 구속된 사람도 복
권되어 벼슬길에 다시 오를 수 있고, 아무리 고관대작이라 해도 하
루아침에 버슬에서 물러날 수도 있다고 했다. 버슬에 올라보면 고
생하던 지난날이 꿈만 같고, 버슬에서 물러나보면 권력이 한낱 꿈
인 줄 안다고 했다.

꿈은 본질적인 것이 아니라 지나가는 것이고, 왔다가 가고 안 오
다가도 오는 것이다. 그러니 꿈같은 것에 너무 얽매이지 말고 "문
자만 잘 익혀서 사해四海를 밝게 하라"고 했다. 다산은 군이 공자의
예를 들지 않았지만, 만약 공자가 뜻을 펼칠 기회가 있어서 큰 벼
슬에 올랐다면, 그렇게 많은 제자들을 거느리며 자신의 어록을 책
으로 남기고, 오늘날까지 성인으로 추앙받을 수 있었을까. 아마 그
렇지 않았을 것이다.

다산은 당시 횡행하고 있던 과거제도의 폐단에 대해 누구보다
비판적이었다. "이 세상을 주관하고 천하를 거느리면서 창우倡優의
연희演戱 놀음하는 짓이 과거하는 학문이다"라고까지 말했던 다산
이었다. 거기엔 이유가 있었다. "천하의 총명하고 슬기 있는 자를

모아놓고 한결같이 모두 과거라는 절구에다 던져 넣어 찧고 두드려서 오직 깨어지고 문드러지지 않을까 두려워할 뿐"이니 무슨 흥학양재하겠냐는 것이었다. 그 외에도 과거제도의 운영에서 비리가 극심했다. 다산의 말을 직접 한번 들어보자.

> 온 나라의 영재들 가운데서 발탁해서 등용해도 부족한 처지인데 하물며 소인小人이나 중인中人이라는 신분으로 인하여, 혹은 관서關西, 관북關北, 해서海西, 개성開城, 강화江華 출신이라 하여 쓰지 아니하고, 관동關東이나 호남湖南을 제한하며, 서얼庶孼이라 쓰지 아니하면 어떻게 되겠는가? 어찌 천지가 정신을 키우고 산천이 기액氣液을 기를 때에 수십 문벌門閥 가문에만 정신과 기액을 몰아주고, 다른 사람들에게는 더럽고 탁한 기를 심어준다고 생각하며, 그 출생지에 따라 인재를 버릴 수 있겠는가?

하지만 이것은 과거제도 '운영'에 대한 비판이지, 과거제도 '그 자체'에 대한 비판으로 받아들여서는 안 될 것이다. 다산은 더럽다고 아예 쳐다보지도 않는 그런 은둔형 지식인이 아니지 않은가. 불합리한 것은 지적하고 바꿔나가자는 것이 다산 경세학의 큰 목적이었기에, 다산은 자신이 유배지에서 복권되면 아들과 손자가 과거에 나아가 급제하여 벼슬에 오르기를 꿈꾸었다. 오직 실력으로 이런 모든 과거제의 폐단을 물리치고 인정받아 폐족에서 청족으로의 전환을 일궈낼 수 있다고 보았다. 그리고 연장만 튼튼하다면 그런 기회는 꼭 벼슬을 통해서만 오는 것이 아니라는 점도 다산은 계속 강조하고 있다. 강진으로 유배된 지 10년이 되던 1810년 첫 가을에 다산초당 동암에서 쓴 「시이아가계示二兒家誡」를 보자.

옛날부터 화를 당한 집안의 자손들은 반드시 놀란 새가 높이 날고 놀란 짐승이 멀리 도망하듯이 하여 더 멀고 깊은 곳으로 들어가지 못할까 걱정하였는데, 이렇게 하면 결국 노루나 토끼처럼 되어버리고 말 뿐이다. 대체로 부귀한 집안의 자식들은 재난이 화급한데도 아무런 걱정이 없는 반면에 몰락하여 버림받은 집의 가족들은 태평한 세상인데도 언제나 걱정이 있는 것처럼 말을 한다. 이는 그들이 그늘진 벼랑이나 깊숙한 골짜기에 살다보니 햇빛을 보지 못하고 함께 지내는 사람들도 모두가 버림받고 벼슬길이 막혀 원망하고 지내는 부류이기 때문이다. 그러므로 듣는 것이라고는 모두 우활迂闊하고 허탄하고 편벽되고 비루한 이야기뿐이니 이것이 바로 영원히 가버리고 돌아보지 않게 되는 이유이다.

진실로 너희들에게 바라노니, 항상 심기를 화평하게 가져 당로堂老, 높은 자리에 있는 사람한 사람들과 다름없이 하라. 그리하여 아들이나 손자의 세대에 가서는 과거에도 마음을 두고 경제에도 정신을 기울일 수 있도록 해야 한다. 하늘의 이치는 돌고 도는 것이라서, 한번 쓰러졌다 하여 결코 일어나지 못하는 것은 아니다. 하루아침의 분노를 견디지 못하고 서둘러 먼 서간, 김장생金長生(1548~1631), 1625년, 지본묵서, 32×39.6cm.
김장생이 그의 제자로 보이는 택인 헌갑의 선물을 받고 쓴 답장이다. 낙마, 전염병, 혼인 등의 내용이 있고, 또한 장끼, 까투리, 메추리 따위의 선물 등에 관한 내용이 보인다. 이 편지를 비롯해 남겨진 많은 서간들은 모두 조선시대에 선물이 얼마나 흔한 것이었는가를 보여준다.

시골로 이사가버리는 사람은 천한 무지렁이로 끝나고 말 뿐이다.

조선시대 선비들에게 과거시험은 이름을 세울 수 있는 거의 유일한 방법이었다. 양반의 체모를 유지하며 먹고살기 위해서도 관료의 지위는 필요했다. 관직에 등용된 양반에게 주어지는 혜택은 푸짐했다. 국가에서 녹을 받았으며 땅과 노비가 주어졌다. 중앙과 지방에서 몰려드는 각종 선물膳物은 '선물경제'라는 말을 만들어낼 정도였다. 특히 임진왜란과 병자호란 이후 조선후기로 오면 국가 재정이 빈약해지면서 녹봉은 유명무실화되다시피 했고, 선물이 차지하는 비중이 더 커졌다. 그것은 뇌물이라기보다 양반이 삶을 유지하는 필수적인 수단이라고 할 것이다. 그리하여 조선시대 선비들은 7~8수를 하고서도 과거에 집착했고, 예순을 넘긴 나이에도 과거시험을 보러 기를 쓰고 상경길을 택했다.

다산이 단순히 경제적인 이유로 자식을 다그치는 것은 아니겠지만, 과거시험을 통해 명예회복을 하지 못하고 경제적으로도 빈약해져 집안이 몇 대를 유지하지도 못한 채 끊어질 것을 걱정했다. 다산은 언젠가 유배가 풀리고 길이 열리기를 기다렸다. 세상사는 돌고 도는 것이기에 한번 주저앉았다고 다시는 일어나지 못하라는 법은 없다는 것이다. 그러므로 폐족이 된 분노를 참지 못하고 먼 시골로 가버리는 짓은 하지 말라고 당부했다. "부귀한 집안의 자식들은 재난이 화급한데도 아무런 걱정이 없는 반면에 몰락하여 버림받은 집의 가족들은 태평한 세상인데도 언제나 걱정이 있는 것처럼 말을 한다"는 구절은 오늘날의 우리에게도 참으로 가슴에 와 닿는다.

가문을 중흥시켜라

폐족의 다섯번째 생존 전략은 폐족 이전보다 훌륭한 가문으로 중흥시키라는 것이다. 다산은 유배생활 2년째 되던 해 두 아들에게 보낸 서한 「기이아寄二兒」에서, 학문에 정진하고 폐족의 처지에 잘 대처해 이전 가문보다 더 훌륭하게 집안을 일으킬 것을 기대하였다. 그리고 그 방법은 오로지 독서뿐임을 강조했다. 이처럼 학문 또 학문, 공부 또 공부를 외치는 아버지가 지금껏 있었을까 싶을 정도로 다산은 자식들이 학문에 전념하기를 거듭 강조했다.

너는 지금 폐족인데 만일 그 폐족의 처지에 잘 대처해서 본래의 가문보다 더 완호完好하게 한다면, 또한 기특하고 아름다운 일이 아니겠느냐. 폐족의 처지에 잘 대처한다 함은 무엇을 두고 하는 말인가. 그것은 오직 독서하는 것 한 가지뿐이다. 이 독서야말로 인간의 제일가는 깨끗한 일淸事로서 호사스런 부호가의 자제는 그 맛을 알 수 없고 궁벽한 시골의 수재들 또한 그 오묘한 이치를 알 수 없다. 오직 벼슬아치 집안의 자제로서 어려서부터 듣고 본 바가 있고 중년에 재난을 만나 너희들 처지와 같이 된 자라야 비로소 독서를 할 수 있는 것이다. 이는 저들이 독서를 하지 못한다는 것이 아니라, 뜻도 모르고 그냥 읽기만 하는 것은 독서라고 이름할 수 없기 때문이다. 삼대 이상 경험이 없는 의원에게서는 그 약을 복용하지 않는다 하였으니, 문장 또한 그러하다. 반드시 대대로 글을 하는 집안이라야 문장에 능할 수 있는 것이다.

위의 편지를 강진에서 쓴 것이 1802년임술 12월 22일인데, 폐족이 된 지 1년 10개월여이고, 당시에 장남 학연은 19세, 차남 학유는 16세였다. 폐족이 되기 전의 가문보다 더 좋은 가문으로 만들기에는 아직 어린 나이다. 그러나 아버지 다산은 자식들에게 이를 요구하였다. 이 편지를 받고 두 아들은 큰 중압감을 느꼈을 법하다.

독서는 "인간의 제일가는 깨끗한 일"이라고 했다. 책을 두고 아무리 욕심을 내도 탐욕스럽다고 말하는 이는 없다. 다산에게 책을 읽는다는 것은 빗자루를 들고 마음을 쓸어내는 일이었다. 큰 나무가 있는 절집 마당에 가면 스님들이 매일 마당을 쓸어 티끌 한 점 없는 맑고 깨끗한 땅빛이 사람의 마음을 얼마나 깨끗하게 하는가. 아무것도 없어 보이는 그 땅은 실제 밟아보면 얼마나 속이 여물어

서 단단하던가. 다산은 아이들의 꿈이 단단해지길 원하였다. 독서
는 인간으로 하여금 꿈꾸게 하되 욕망을 다스리며 속에서 꿈을 묵
힐 수 있게 한다. 삼대째 내려오는 의원 집안처럼 할아비부터 손
자까지 대대로 글을 해야 문장에 능할 수 있다는 다산의 말은 가
업을 잇는 일이 드문 오늘날 '전문성'이라는 것을 한번 돌아보게
해준다.

같은 편지에서 다산은 아이들에게 스스로를 천시하고 비루하게
여겨서는 안 된다고 타이르기도 했다.

> 내가 지난번에도 누차 말하였다마는 청족은 비록 독서를 하지 않는다 할
> 지라도 저절로 존경을 받게 되지만, 폐족이 되어 학문에 힘쓰지 않는다면
> 더욱 가증스럽지 않겠느냐. 다른 사람들이 천시하고 세상에서 비루하게
> 여기는 것도 슬픈데, 지금 너희들은 스스로 자신을 천시하고 비루하게 여
> 기고 있으니, 이는 너희 스스로가 비통함을 만들고 있는 것이다.

세상의 눈빛은 상대적이라서 신경을 쓰면 쓸수록 따갑고 이를
무심히 여기면 또 그만인 것이다. 아버지의 말은 엄하기 그지없다.
그 배면에는 이 아비가 잘못한 것도 없이 이렇게 유배된 것이 너희
들이 스스로를 천시하고 비루하게 여기게 할 만한 핑계가 되느냐
는 질타도 섞여 있는 듯하다. 비통함에 비통함을 더하는 마음의 감

옥이 두 아들과 집안을 옥죄는 것 같아 다산은 슬프기 그지없었다.

자식에 대한 아버지 다산의 기대는 끝이 없다. 두 아들에게 보낸 「기양아寄兩兒」를 보자.

> 지금 우리 집안은 폐족이 되었고 여러 일가는 모두 우리보다 더 쇠잔하다. 그러므로 옛날에 우러러볼 만했던 풍류나 문장은 모두 삭막해졌다. 그러나 "우리 집안은 본래 이러하였다"라고 말할 수 있다. 너희들은 반드시 모두를 따라서 법으로 삼을 수는 없으나 그 끝을 보고서 그 뿌리를 헤아리며 흐름을 보고서 근원을 찾는다면 그 실정을 살필 수 있을 것이니, 힘껏 만회해서 30년 전의 옛 모습을 보존한다면 참으로 효자·자손慈孫이라 할 수 있을 것이다.

폐족으로서 30년 전의 가문으로 만회시킨다는 것이 쉬운 일이 아님을 아버지가 모를 리 없다. 그럼에도 계속 가문을 강조하는 이유는 아이들의 공부에 공식적인 명분을 찾아주고자 하는 마음에서다. 여기서 우리가 잡아낼 수 있는 것은 조선시대 양반들의 삶이 궁극적으로 목표하는 바가 가문을 드높이는 일이라는 점이다. 그저 아무것도 모르는 순진한 마음으로 다산의 편지를 읽어서는 안 될 것이다. 다산은 서인西人·노론老論의 공격을 받아 정치적으로 실각한 남인南人의 실세였다. 남인은 영·정조대의 탕평책 아래에서 오광운吳光運, 채제공蔡濟恭 등을 중심으로 큰 역할을 한 적도 있으나 정조의 죽음으로 정계에서 완전히 축출되었다. 정약용의 유배가 그 상징적인 사건이다. 다산은 가장 믿고 의지했던 국왕 정조의 느닷없는 서거, 곧 이은 두 형의 죽음과 유폐 등을 곱씹으며 그 절망을 생산적인 지식 생산의 기화로 삼을 줄 알았다. 여기에는 가문의 중흥, 남인의 명예회복이라는 구체적인 목표도 자리하고 있었으리라. 이런 맥락에 의거할 때 "힘껏 만회해서 30년 전의 옛 모습을 보존한다면 너희들은 참으로 효자·자손慈孫이라 할 수 있을 것"이라는 다산의 당부는 더욱 깊은 여운을 자아낸다. 다산의 두 아들은 과연 이런 아버지의 마음을 읽고 있었을까. 알았기에 더욱 무거운 마음의 짐이 되지는 않았을까.

그런데 다산의 편지를 가만히 읽어보면 "30년 전"이라는 구절이 마음에 들어오지 않을 수 없다. 다산이 정계에서 활동하던 시기는 고작 몇 년 전이었다. 그에 비해 30년 전은 너무 멀다. 편지를 보낸 1802년에서 30년 전은 그의 머릿속에서 어떻게 기억되던 때였을까? 1770년대 초반인 이 시기에 다산은 열 살 전후였다. 1771년 다산의 아버지는 관직에서 물러나 있었고, 이 시기 다산은 아버지를 따라 경서經書와 사서史書를 숱하게 읽고 작문한 것이 상당량에 달했다. 이후 그의 나이 15세가 되던 1776년, 홍화보의 딸 풍산 홍씨와 결혼하고 호조좌랑이 된 부친과 함께 서울 남촌에 거주할 때까지 다산은 두보杜甫의 시를 애독하고 이를 본떠 우수한 한시를 지어 주위 사람들로부터 칭찬을 받곤 했다. 아마 다산 인생에서의 황금기였을 것이다. 즉, 다산은 가문의 중흥을 '정치적 복권'뿐만이 아니라, 아버지와 아들이 함께 경사經史를 읽고 시문을 지으며 여유롭게 삶을 운위하는 것에 두기도 했다. 그 모습은 1803년계해 정월 초하루에 두 아들에게 쓴 「기양아」에 구체적으로 나타나 있다.

내가 유배에서 풀려나 수년간 살 수 있다면, 너희들로 하여금 몸을 닦고 행동을 가다듬어 효도와 공경을 숭상케 하고 화목을 일으켜서 경사를 연구하고 시예를 담론할 것이다. 서가에 3000~4000권의 책을 꽂아놓고 1년을 지탱할 만한 양식과 원포에 뽕나무, 삼, 채소, 과일, 꽃, 약초를 질서정연하게 심어 그 그늘을 즐길 것이다. 마루에 올라 방에 들어가면 거문고 하나와 투호 1구와 붓과 벼루와 책상이 있고 도서를 보면서 단아하고 깨끗함을 즐길 것이다. 그리고 때때로 손님이 찾아오면 닭을 잡고 생선회를 만들어서 탁주와 좋은 나물 안주에 흔연히 한번 배불리 먹고 서로 더불어 고금을 논한다면 비록 폐족이라 할지라도 장차 안목이 있는 사람들이 흠모할 것이다. 이렇게 1년이 가고 2년이 가 세월이 점점 흘러가다보면 중흥하지 않겠느냐. 너희들은 이를 생각하라. 너희들은 이를 생각하라. 차마 이것을 하지 않으려느냐?

이것은 다산이 꿈꾸던 전원 속의 유토피아이다. 투호投壺는 옛날 궁중이나 양반집에서 항아리에 화살을 던져넣던 놀이로 그 유토피아적 성격이 가장 잘 드러나는 단어이다. 1년을 지탱할 만한 양식은 결코 풍족한 것은 아니다. 또한 만권루萬卷樓를 자랑하던 당시 선비들에 비해 다산 같은 대독서가가 3000~4000권이라 한 것은 그리 많은 권수의 책이 아니다. 필수적으로 읽어야 할 책들이라는 느낌이 더 강하다. 뽕나무는 옷의 재료인 천을 생산하는 나무이니 생활의 방편이요, 채소와 과일은 기본적인 먹을거리를 제공해주는 푸성귀들이다. 닭은 마당에 놓아기르면 번식이 쉬운 가금이며 생선은 물 맑은 강가에서 낚시로 공수될 수 있는 것이니 모든 것이 자급자족이다. 이는 외부의 도움 없이 근면하게 꾸리면 양반으로서 누릴 수 있는 최소한의 삶이니 아들이여, "차마 이것을 하지 않으려느냐?"라는 말은 그 말의 뜻 그대로 "차마"인 것이다.

다산에게는 두 아들 외에 형들이 남기고 간 자식들도 있었다. 조카들 또한 다산에게는 자식과 마찬가지였다. 이어서 「기양아」를 계속 보자.

지금 너희 종형제가 5~6명이나 되니, 내가 만일 하늘의 은혜를 입어 살아서 고향으로 돌아가게 된다면 오직 5~6명을 가르치고 훈계해서 모두 효제를 근본으로 삼게 하고, 또 경사와 예악, 병농兵農, 의약의 이치를 꿰뚫게 하여 4~5년이 지나지 않아 찬란한 문채를 볼만하게 할 수 있을 것이다. 우리 집안이 비록 폐족은 면할 수 없더라도 시예詩禮의 가르침은 거의 징험할 수 있을 것이니, 이 점이 내가 밤낮으로 북쪽 하늘을 바라보며 반드시 일찍 돌아가고자 하는 이유이다.

다산의 이런 꿈은 너무 늦게 이뤄졌다. 57세가 되던 1818년 9월에야 비로소 유배에서 풀려나 마재 본가에 돌아올 수 있었으니 유배된 지 18년 만이었고, 자식들은 이미 장성한 뒤였다. "북쪽 하늘을 바라보며 반드시 일찍 돌아가고자" 다짐했던 그는 유배가 이토록 길어질지는 미처 생각지 못했으리라. 다행히 다산은 유배에서 돌아온 뒤 18년 동안 고향에서 소요자적하며 여생을 보낼 수 있었다. 한국의 속어俗語 중에서 와전되거나 어원과 용처用處가 모호한 것을 고증한 『아언각비雅言覺非』나 『흠흠신서欽欽新書』는 모두 이 시기에 이루어진 저술이다.

성인, 문장가, 선비의 길

폐족의 여섯번째 생존 전략은 훌륭한 문장가와 선비가 되는 것이다. 다산은 폐족이라고 모든 것을 포기한 채 좌절의 늪에서 헤매

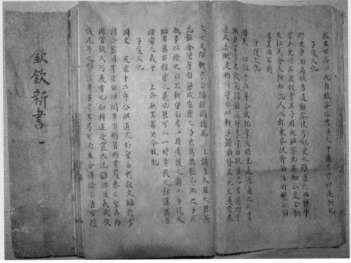

『아언각비雅言覺非』와 『흠흠신서欽欽新書』.

이 두 책은 다산이 해배 이후 고향에 돌아와 저술한 것으로『아언각비』는 한국의 속어중에서 와
전되거나 어원과 용처가 모호한 것을 고증했고,『흠흠신서』는 형옥을 가볍게 취급하는 경향을
바로잡아 관리들이 유의할 점을 적은 것이다.

지 말고 학문에 정진할 것을 간곡하게 당부하였다. 폐족은 오직 벼슬길만 막혀 있을 뿐 성인과 문장가가 되고 진리에 통달한 선비가 되기에는 아무런 거리낌이 없으며, 오히려 크게 나은 조건이라고 강조했다. 「기양아寄兩兒」에서 이에 해당하는 구절을 살펴보자.

너희들은 집에 책이 없느냐. 재주가 없느냐. 눈과 귀가 총명하지 못하느냐. 무엇 때문에 자포자기하려 드는 것이냐. 폐족이라고 생각하기 때문이냐. 폐족은 오직 벼슬길에만 꺼리는 자가 있을 뿐, 폐족으로서 성인이 되고 문장가가 되고 진리에 통달한 선비가 되기에는 아무런 거리낌이 없는 것이다. 거리낌이 없을 뿐만 아니라 도리어 크게 나은 점이 있으니, 그것은 과거공부에 얽매임이 없고, 또 빈곤하고 공약窮約한 고통이 심지를 단련시키고 지려知慮를 넓혀서 인정과 물태의 진실과 거짓을 두루 알 수 있게 하기 때문이다. 그런 까닭에 선배에 율곡 이이 같으신 분은 어버이에게 사랑을 받지 못하고 괴로움으로 몇 해를 방황하다가 마침내 한번 돌이켜 도에 이르렀으며, 또한 우리 우담愚潭 정시한丁時翰 선생도 세상의 배척을 받고서 더욱 그 덕이 진보되었으며, 성호 이익께서도 집안에 화를 당한 뒤로 이름난 유학자가 되었으니, 그분들이 탁월하게 수립한 것은 권세를 잡은 부호가의 자제들이 미칠 수 있는 바가 아니다. 이것은 너희도 일찍부터 들어오지 않았느냐.

폐족 중에 재주 있고 걸출한 선비가 많은데, 이는 하늘이 폐족에게 재주 있는 사람을 내어 폐족을 후대하는 것이 아니라 영달하려는 마음이 학문하려는 마음을 가리지 않으므로 책을 읽고 이치를 연구하여 능히 진면목과 참다운 골수를 알 수 있기 때문인 것이다. 평민으로서 학문을 하지 않는 자는 다만 용렬한 사람이 될 뿐이지만, 폐족으로서 학문을 하지 않으면 마침내는 언행과 성질이 도리에 어긋나고 사납고 비루하여 가까이할 수 없는 자가 되어 세상의 버림을 받게 된다. 혼인길이 막혀서 천민에게 장가들고 시집가게 될 것이요, 한두 대가 지나 물고기 입이나 강아지의 이마를 한 자녀가 나오게 된다면, 그 집안은 영영 끝장나는 것이다.

예로부터 가르침 중에서 가장 좋은 방법은 예를 들어주는 것보다 더한 것이 없다. 다산은 역경을 이겨내고 훌륭한 학자가 된 성호 이익 등의 사례를 보여주며 나약해지려는 아들들을 독려하였다. "빈곤하고 궁약한 고통이 심지를 단련시키고 지려를 넓혀서 인정과 물태의 진실과 거짓을 두루 알 수 있게 한다"는 구절은 만고의 진리임에 틀림없다. 오늘날만 보아도 일제강점기와 한국전쟁 등 배고픈 시절을 겪어온 세대가 볼 때에 요즘 공부하는 이들이 심지가 약해 보이는 것은 어쩔 수 없다. 공부는 글을 읽는 것이 전부가 아니고, 삶의 고통이 마음에 낸 길 위에서 의미가 통하는 것이기 때문이다. 참된 학자들이라야만 스스로를 고립시키고 고통스럽게 하며, 부족하게 만든다. 그래야만 진정한 학문이 나오기 때문이다. 이것은 다산에게도 해당되는 것으로, 그가 유배되지 않고 계속 조정에 머물렀다면 오늘날 알려진 방대한 『여유당전서』가 있으리라는 보장이 없다. 이 업적은 복사뼈에 구멍이 날 정도로 18년간 독서와 저술에 매달리고, 해배된 이후에도 초지일관하여 완성시킨 것이기 때문이다. 마지막 문장이 인상 깊다. "한두 대가 지나 물고기 입이나 강아지의 이마를 한 자녀가 나오게 된다면"이라는 말은 굳이 해석하자면 아무하고나 혼인을 하는 천민의 피가 섞여 생김새나 성정性情이 아예 못쓰게 돼버리는 형국에 이른다는 것이다. 이것은 모두 폐족으로서 공부에 힘쓰지 않았을 때의 결과를 실감나게 보여주기 위한 방책이었다.

후일 두 아들이 아버지만큼 큰 학자가 되지는 못했지만, 큰아들 학연이 시단에서 이름을 떨치고 둘째 아들 학유가 「농가월령가農家月令歌」『시명다식詩名多識』 같은 뜻 깊은 작품을 남길 수 있었던 것은 다산이 보낸 편지의 이런 당부 덕분이었다.

❦ 사대부의 생활 경영

다산은 11년간 벼슬을 하였으나 너무 가
난했다. 모아둔 재산이 거의 없었다는 말이다. 조선시대에도 청렴
한 관리로서 재산을 모으기란 쉽지 않았다. 그러니 유배 이후의 가
계는 말하지 않아도 알 만하다. 1805년을축, 다산 44세 장남 학연22세
이 겨울에 강진 유배지로 찾아왔을 때 쓴 시 「학가래 휴지보은산방
유작學稼來携至寶恩山房有作」을 보면 집안의 가난이 절절하게 묻어 있
다. 아들의 초라한 행색을 보고 차마 집안 소식을 묻지 못하고 우
물우물 시간을 끌다가, 아들이 금년에 마늘농사가 잘되어 이를 팔
아 노자를 삼아 찾아왔다는 말을 듣고 처절하여 화제를 돌렸다. 아
들이 찾아온 기쁨은 잠시였다. 찾아온 아들의 숙식을 해결할 수 없
는 아버지였다. 다산이 처음 유배될 때부터 다산초당에 머문 것은
아니다. 처음에는 강진읍 동문 밖 주막인 사의재四宜齋에서 4년여를

살았고, 고성사高聲寺의 보은산방寶恩山房에도 1년여 몸을 기탁했으며, 제자 이학래 집에 2년간 신세를 지는 등 8년을 정처없이 떠돌았다. 학연이 찾아온 때는 사의재에서 보은산방으로 거처를 옮길 시점이었다. 두 부자가 지내기에 적합하지 않아 주막집 토방을 뒤로하고 산으로 올라간 듯하다. 보은산방은 보은산에 위치한 고성사의 한 방이다. 강진 땅은 하늘에서 내려다보면 황소가 누운 형국인데 보은산 우두봉牛頭峰은 풍수지리적으로 볼 때 이 황소의 머리에 해당한다. 고성사는 우두봉의 중턱에 앉아 있는데, 황소의 목에 매단 워낭에 해당된다는 것이 이 지역에서 전해져 내려오는 얘기이다. 아들의 손을 잡고 산을 오르던 다산은 잠시 멈춰서 땀을 식히며 강진 읍내를 바라보았을 것이다. 읍내를 끼고 도는 개천을 지나 아스라이 펼쳐진 마을은 너무나 작고 아담했다. 저 아름다운 마을에 자신을 받아줄 곳이 없어 산을 찾아 올라가야 했던 다산의 심정은 비참했을지도 모른다. 울적한 심사를 떨쳐버리고 산중턱에 다다른 다산은 고성사 주지를 만나 애걸하여 방 한 칸을 빌려 겨울을 지낸다. 보은산방寶恩山房이라는 이름도 다산이 지은 것이다. 다산은 이때 큰아들 학연에게 『주역周易』과 『예기禮記』를 가르쳤다. 당시 아들과 문답한 것은 기록되어 「승암문답僧庵問答」으로 남겨져 있다. 이때 쓴 시의 끝부분을 보자.

인생은 약한 풀과 같은데
하물며 너무 늙고 쇠약하누나

풀 위의 이슬은 아침 해 뜨면 마르나니
이 뜻을 누가 있어 알 것인가

내 지금 너에게 책을 주어 읽게 하니
돌아가 네 아우의 스승이 되라

다산의 삶도 평탄하지 않았지만, 그가 유배지에서 보던 일반 백성들의 삶은 고통스럽기 그지없었다. 오직 농사로 먹고사는 삶에 흉년이 들고, 병원도 없고 치료 방법도 없는데 전염병이 창궐하면 인간은 죽음밖에 택할 길이 없었다. 그런 까닭에 당시 인생은 풀과 같았다. 풀은 짓밟히고 뽑히는 것이다. 다산은 자신의 삶을 그러한 것으로 보았다. 이제는 늙어서 더욱 쇠약해졌다. 아들에게 머물 방 하나 구해주지 못하는 아버지가 어떤 심정이었겠는가. 그러나 풀도 제 역할이 있어 어두운 밤을 이겨내며 이슬을 맺는다. 이슬은 풀이 노동하여 만들어낸 생산물이다. 그것은 맑고 깨끗하지만 태양이 뜨면 금방 말라서 없어진다. 그것이 없어지지 않을 수 있는 길은 자신을 닮은 또다른 풀이 자라서 그 이슬을 계속 생산하는 일이다. 다산은 유배지에서 고난에 찬 삶을 살면서도 자식교육에 심혈을 기울이며 희망을 잃지 않았다. 장남 학연에게 잘 배워서 고향에 "돌아가 네 아우의 스승이 되라"고 했던 그의 애틋한 부정父情은 눈물겹다.

둘째 아들 학유는 아버지가 유배된 지 8년 만인 1808년 4월 20일에 귀양지로 처음 찾아갔을 만큼 다산의 집안은 경제적으로 어려웠다. 「사월이십일학포지 상별이팔주의四月二十日學圃至 相別已八周矣」를 보자.

> 모습은 내 아들이 분명한데
> 수염이 나서 다른 사람과 같구나
>
> 집 소식 비록 가지고 왔으나
> 오히려 믿지 못하겠네

다산이 유배되던 1801년 당시 15세였던 학유가 수염이 덥수룩한 청년22세이 되어 서로 헤어진 지 8년 만에 귀양살이하는 아버지를 처음으로 찾아왔다. 몰라보도록 변한 아들을 바라보면서 적어도 두 아들이 수시로 강진을 오갈 수 있을 만큼의 경제적 여건은 되어야겠다는 생각을 다산은 하지 않았을까. 다산은 두 아들에게 보내는 편지에서 먹고사는 방편과 경제교육을 빼놓지 않았다. 그 내용은 한마디로 요약하면 실용주의라고 할 수 있다. 정리하면 다음과 같다.

개노주의, 예외 없는 노동

가장 먼저 다산은 자식들에게 근검과 개노주의皆勞主義를 생활화하라고 가르쳤다. 개노주의는 모두가 노동을 하는 것을 말한다. 유배생활 10년이 되던 1810년경오 9월에 다산초당 동암에서 두 아들에게 보낸 「우시이자가계又示二子家誡」를 보면 나태한 자를 신랄하게 비판하고 있다.

큰 흉년이 들어 굶어 죽은 백성들이 수만 명이나 되므로 하늘을 의심하는 사람도 있으나, 내가 굶어 죽은 사람들을 살펴보니 대체로 모두 게을렀다. 하늘은 게으른 자를 미워하여 벌을 내려 죽이는 것이다.

내가 벼슬은 했으나 너희들에게 물려줄 전답은 없고 오직 두 글자의 부적이 있으니 이는 삶을 넉넉히 하고 가난을 구제할 수 있기에 너희들에게 주노니 야박하다고 하지 말거라. 한 글자는 부지런할 근勤자요, 또 한 글자는 검소할 검儉자이다. 이 두 글자는 좋은 전답이나 비옥한 토지보다 나은 것이라서 일생 동안 수용해도 다 쓰지 못할 것이다. (…) 이러한 생각은 눈앞의 궁한 처지에 대처하는 방편일 뿐만 아니라 비록 귀하고 부유함이 극도에 다다른 사군자일지라도 집안을 다스리고 몸을 바르게 하는 방법으로 근과 검 두 글자를 버리고는 손을 댈 곳이 없을 것이니 너희들은 반드시 가슴 깊이 새겨두도록 하라. 경오년(1810) 9월에 다산의 동암에서 쓰다.

다산은 나태한 자를 꾸짖고 있다. 그가 보기에 흉년에 굶어 죽은 사람들은 대개 게으른 이들이었다. 부지런하다면 먹고살 방도는 누구에게나 있다는 것이 다산의 생각이었다. 그런 까닭에 하늘은 게으른 자를 미워하여 벌을 내려 죽이는 것으로 두 아들에게 말했다.

다산은 자식들에게 물려줄 전답이 없었다. 가난했던 그는 "근검勤儉" 두 글자만을 자식에게 유산으로 남길 만큼 청빈한 삶을 살았지만 정신세계만큼은 풍요로웠다. 다산은 근검에 대해 자세하게 설명하였다. 부지런함勤이란 ①오늘 할 수 있는 일을 내일로 미루지 않고 ②아침에 할 수 있는 일을 저녁 때까지 미루지 말며 ③갠 날에 해야 할 일을 비 오는 날까지 끌지 말며 ④비 오는 날에 해야 할 일을 날이 갤 때까지 지연시키지 않고 ⑤노인은 앉아서 감독할 일이 있고 ⑥어린이는 다니면서 받들어 행할 일이 있으며 ⑦젊은 이는 힘 드는 일을 맡고 ⑧아픈 사람은 지키는 일을 하며 ⑨부인들은 사경이 되기 전엔 잠자리에 들지 않는 것이라 하였다. 이렇게 집안의 상하 남녀 가운데 한 사람도 놀고먹는 식구가 없게 하고 한 순간도 한가한 시간이 없도록 하는 것을 근勤이라고 하였다.

"검儉"은 검소한 생활이다. 다산은 의복은 몸을 가리는 것이요 음식은 생명만 연장하면 된다고 보았다. 맛있는 횟감이나 생선도 입 안으로 들어가면 더러운 물건이 되어 목구멍으로 넘기기도 전에 사람들은 더럽다고 침을 뱉는다고 하였다. 즉 의복과 음식의 사치를 금하고 검소한 삶을 살라고 이르고 있다. 근검을 강조한 것은 좋으나 다산이 "부인들은 사경이 되기 전엔 잠자리에 들지 않는 것"이라 한 것은 너무 지나친 감이 없지 않아 있다. 새벽 1시까지 일을 하고 취침한 뒤 새벽닭이 울 무렵인 5~6시에 일어난다는 것은 너무 가혹한 근면함이다. 다산과 같은 선각자도 아녀자의 일에 있어서는 그 시대의 이데올로기에서 자유롭지 못했던 듯하다. 그의 개노주의에도 남성과 여성의 차별은 있었다.

앞서 얘기했듯이 다산의 둘째 아들 학연은 아버지가 남녘 바닷가 강진으로 유배된 지 8년이 되던 해인 1808년 4월 20일에 처음으로 찾아갔다. 다산은 학유가 고향으로 돌아갈 때 노자 삼으라며 훈계의 글 「신학유가계贐學游家誡」를 써서 주었다. 여기에서 다산은 가난을 극복하는 길을 제시하고 있다. 그 일부를 보자.

내가 장기에 있을 때 주인 성 아무개는 어린 손녀가 겨우 5세인데도 뜰에 앉아 솔개를 쫓게 하였으며, 7세짜리에게는 손에 막대를 들고 참새 떼를 쫓게 하여 솥의 밥을 먹는 사람이면 모두 맡은 직책이 있게 하였으니, 이는 본받을 만한 일이다. 사람 집에서 바깥노인은 칡으로 노를 꼬고, 안노인은 늘 실바구니를 들고 꾸리를 감으며 비록 이웃에 가더라도 일손을 놓지 않아야 하는 것이니, 이러한 집안은 반드시 여분의 식량이 있어 가난을 걱정하지 않게 된다.

이는 다산이 1801년 경상도 장기현으로 유배 갔을 때 기숙하던 노교老校 성선봉成善封 집안의 이야기이다. 성선봉의 가족은 아이나 노인 할 것 없이 모두가 일을 하여 요즘 말로 '밥값'을 하고 있었다. 다산은 자기가 보고 들은 바를 아들에게 증거로 제시하며 놀고 먹는 자 없이 상하노소 남녀 모두가 일을 하는 개노주의를 실천함으로써 가난을 극복할 수 있다고 하였다. 이는 한창 글 읽을 나이에 생업 전선에 뛰어들어 농사를 짓고 고된 일상을 보내야 했던 고향의 가족들에게 현실을 이겨낼 만한 힘을 주기 위한 글이라 하겠다.

잠상을 7층으로 올려라

다산은 집안의 주 소득원으로 누에치기를 지목하여 강조했다. 가정 경제를 일으키는 방법은 뽕나무를 심어 누에를 치는 것이 으뜸이라고 본 것이다. 유배된 지 10년 되던 1810년경오 봄 2월 다산 초당 동암에서 장남 학연에게 보낸 가계 「시학연가계示學淵家誡」에는 양잠을 하면 고소득을 올릴 수 있다고 쓰여 있다.

살림살이를 꾀하는 방법에 대하여 밤낮으로 생각해보아도 뽕나무 심는 것보다 더 좋은 것이 없으니 이제야 제갈공명의 지혜보다 더 위에 갈 것이 없음을 알았다. 과일을 파는 일은 본래 깨끗한 명성을 잃지 않지만 장시하는 일에 가까우나, 뽕나무 심는 것이야 선비의 명성을 잃지도 않고 큰 장사꾼의 이익에 해당되니 천하에 다시 이런 일이 있겠느냐? 남쪽 지방에 뽕나무 365주를 심은 사람이 있는데 해마다 365꿰미의 동전을 얻는다. 1년을 365일로 보면 하루에 한 꿰미로 식량을 마련하더라도 죽을 때까지 궁색하지 않을 것이요 아름다운 명성으로 세상을 마칠 수 있으니, 이것은 가장 힘써 배워야 할 일이다. 그다음으로는 잠실 3칸을 짓고 잠상을 7층으로 하여 모두 21칸의 누에를 길러 부녀자들도 놀고먹는 사람이 없도록 하는 것 또한 좋은 방법이다. 금년에는 오디가 잘 익었으니 너는 그 점을 소홀히 말아라.

조선시대 농가에 고소득을 보장하는 나무로는 뽕나무, 닥나무, 옻나무 등이 있었다. 뽕나무는 옷감을, 닥나무는 종이를, 옻나무는 가구를 칠하는 재료를 생산해낸다. 이중에서도 다산은 뽕나무를 제일로 쳤다. 다산이 살던 시절 뽕나무는 동아시아에서 서방세계에 수출하는 것들 중에 가장 성황을 이룬 물품이었다. 비단의 원산지인 중국에서도 뽕나무를 통해 고소득을 얻는 방법을 고안했다. 이미 제갈량이 살던 시대에도 집에 뽕나무만 넉넉하면 먹고살 걱정은 없었다. 위의 편지에서 "제갈공명의 지혜보다 더 위에 갈 것이 없음을 알았다"는 것은 제갈량이 유산으로 자식들에게 뽕나무 800주를 물려준 일을 말한다. 청대에 이르러 중국의 잠상업은 고도의 분업화, 대규모 공장 설비를 갖춘 산업화를 이뤘을 정도였다. 특히 호상이라는 개량종 뽕나무가 널리 보급되어 비단의 생산이 급격히 늘었으며 이를 두고 '뽕나무의 혁명'이라는 말까지 나왔다. 이런 대규모화된 이익의 사슬에서 벗어난 일반 농가에서는 물고기와 뽕밭을 겸하여 한 해 농사를 짓는 양어養魚장 겸업으로 소득 경쟁에서 살아남으려 하기도 했다.

한 나라의 경제정책을 구상했을 만큼 큰 학자이자 경세가였던 다산이 뽕나무가 국가경제나 민간농업에서 차지하는 위상을 몰랐을 리 없다. 그리하여 뒷산에 산뽕나무 수백 그루를 심고, 3칸7층의 규모 있는 잠상을 지어 반드시 실천에 옮기라고 충고한 것이다.

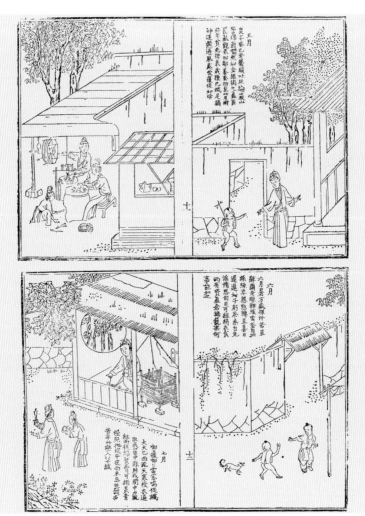

잠상 농가를 보여주는 중국 농서의 한 장면.

그림마다 쓰여진 설명을 풀이하면 위는 5월로 여름에 접어들어 누에가 고치를 만들 때다. 이 시기를 잘 보내야 가난에서 벗어날 수 있다는 내용이다. 아래 우측은 6월로 더위가 기승을 부리는 때인지라 고치가 오래되면 실을 켜기가 쉽지 않아 솥에 삶아 실을 켜야만 한다고 했다.

특히 다산에게 양잠은 선비의 명성을 잃지 않고도 큰 장사꾼의 이익에 해당된다는 것이 중요했다. 당시 몰락한 양반들이 상인의 길로 들어서는 예가 부지기수였기 때문일 것이다. 뽕나무는 굳이 팔려고 하지 않아도 수요가 많고 가격 흥정 없이 고가의 구매가 이뤄졌기 때문에 양반들이 선호했다. 그렇다면 뽕나무는 어느 정도의 이익을 가져다줬을까? 365그루를 심어 누에를 치면 하루에 1꿰미의 수입을 얻게 되는 셈이다. 엽전 하나가 1문文이고, 10문이 1전錢이며, 10전이 1냥兩인데, 조선시대에는 1냥에 해당하는 엽전 100개를 한 꿰미에 꿰어서 계산을 편하게 했다. 하루에 엽전 100개면 어느 정도의 수입일까? 17~18세기 조선시대의 쌀 한 섬의 가격이 닷 냥 정도였다. 지방마다 차이가 있었지만 쌀 한 섬이면 대략 15말에 해당됐다. 오늘날의 도량형을 적용하면 1말은 18리터이지만, 조선시대 1말은 이와 달라 대략 오늘날의 6리터쯤 될 것이다. 즉 쌀 한 섬=15말=90리터는 오늘날 쌀 한 가마니에 해당한다. 쌀 한가마니가 16만 원 정도이니 1냥1꿰미이면 3만 원 조금 넘는 돈인 셈이다. 하지만 다산이 살던 당시는 흉년이 겹쳐서 쌀이 매우 귀했던 시기라는 점을 감안한다면 오늘날의 가치로 10만 원을 넘었다고 봐야 할 것이다. 하루 이 정도의 고정 수익과 그 외의 부대수입을 합치면 근검절약하는 소가족이 의식주를 일궈나가기에 풍족한 수입이 아니겠는가.

다산이 유배된 지 2년째인 1802년임술에 두 아들에게 보낸 편지 「기양아寄兩兒」를 보면 뽕나무와 영농 경영에 대한 그의 생각이 좀 더 구체적으로 밝혀져 있다.

시골에 살면서 과수나 채소밭을 가꾸지 않는다면 천하에 쓸모없는 사람이다. 나는 지난번 국상정조의 승하이 나서 분망한 중에도 민송 열 그루와 한 쌍의 노송나무를 심었다. 내가 지금까지 집에 있었다면 뽕나무가 수백 그루, 접붙인 배나무가 몇 그루, 옮겨 심은 능금나무 몇 그루, 닥나무가 이미 밭을 이루고 있을 것이다. 옻나무가 다른 언덕에까지 뻗쳐 있을 것이고 석류 몇 그루와 포도가 이미 두어 넝쿨이 되었을 것이며, 파초도 네댓 그루는 되었을 것이다. 불모지에 버드나무 대여섯 그루가 있을 것이요, 뒷산 유산의 소나무가 이미 여러 자쯤 자랐을 것이다. 너희는 이러한 일을 하나라도 하였느냐? 네가 국화를 심었다는 말을 들었는데 국화 한 이랑은 가난한 선비의 몇 달 양식을 충분히 지탱할 수 있으니, 한갓 꽃구경에만 그치는 것이 아니다. 생지황, 반하, 길경, 천궁 따위와 쪽나무와 꼭두서니 등에도 모두 유의하도록 하여라.

다산은 1799년38세 6월 22일에 형조참의의 사직상소를 올린 후 병을 핑계로 출사하지 않았는데 7월 26일에야 수리되어 11년의 벼슬살이를 마감하였다. 다음 해1800 봄에 세로世路의 위험함을 알고 낙향하였으나 정조의 명으로 다시 상경하였는데 얼마 후인 6월 28일 정조가 갑자기 승하하였다.

다산은 정조의 갑작스런 승하로 분망한 중에도 만송 10주와 한 쌍의 노송나무를 심었다. 조선시대 선비들은 약한 지기地氣를 보완하기 위해 만송萬松을 심곤 했다. 하회마을에 서애 유성룡의 형인 유운룡1539~1601이 조성한 숲이 대표적이다.

또한 다산은 국화를 사랑하는 까닭을 시로 지어 남길 정도로 국화를 아꼈다. "가장 늦게 피고 가장 오래 견디며, 무엇보다 향기가 그윽한 꽃인 데다 고우면서도 화려하지 않고, 깨끗하면서도 싸늘하지 않"기 때문이었다. 게다가 국화는 차로 만들어 먹을 수도 있고, 기름에 튀겨서 식사 대용으로 먹을 수도 있었다. 선비의 몇 달 양식이라 함은 국화라는 꽃의 속성이 깨끗하기 때문에 선비의 삶과 어울린다는 점을 강조한 것이다.

버드나무는 묘목을 거꾸로 꽂아도 자란다는 말이 있을 정도로 강인한 생명력을 지닌 나무다. 불모지라고 놀리지 않고 버드나무를 심는다면 좋은 풍광을 이룰 수 있고, 그 땅이 비옥해지는 방법도 된다는 이야기다.

다산은 만약 자신이 유배되지 않았다면 여러 종의 과일나무 등을 심어 무성하게 자랐을 것이라고 말하고 있다. 또한 시골에 살면 약초와 화훼도 함께 재배해야 한다고 강조하여 근면한 삶과 노동하는 삶을 아들에게 가르쳤다.

전략적인 영농의 다각화

다산의 체계적이고 분석적인 기질은 계절에 맞는 전략적 영농을 하라는 가르침으로 이어졌다. 1802년 12월에 두 아들에게 보낸 편지 「기양아 寄兩兒」를 보면 다산은 농사에도 전문가 못지않은 지식과 안목을 갖추고 있었음을 알 수 있다.

채소밭을 가꾸는 요령은 모름지기 지극히 평평하고 반듯하게 해야 하며 흙을 다룰 때에는 잘게 부수고 깊게 파서 분가루처럼 부드럽게 해야 한다. 씨를 뿌림에는 지극히 고르게 해야 하며, 모는 아주 드물게 세워야 하는 법이니, 이와 같이 하면 된다. 아욱 한 이랑, 배추 한 이랑, 무 한 이랑씩을 심고, 가지나 고추 따위도 각각 구별해서 심어야 한다. 그러나 마늘이나 파를 심는 데에 가장 주력하여야 하며, 미나리도 심을 만하다. 한여름 농사로는 오이만 한 것이 없다. 비용을 절약하고 농사에 힘쓰면서 겸하여 아름다운 이름까지 얻는 것이 바로 이 일이다.

다산은 일찍이 삼농 三農 정책을 주장했다. 그가 38세에 곡산부사로 있을 때 정조에게 올린 「응지론농정소應旨論農政疏」를 보면 편농便農, 후농厚農, 상농上農의 3개조를 진술하고 있다. '편농'은 편하게 농사짓게 하려는 것이고 '후농'은 농사를 지으면 이익이 있게 하려는 것이며, '상농'은 농업의 지위를 높이려는 것이다. 다산은 그 방책으로 편농에서는 농기구를 개량하고 농업기술을 개선하고 수리사업을 일으켜야 한다는 것, 후농에서는 환자還子의 폐해가 크니 부업과 작물 다각화를 장려하고 도량형을 통일해야 한다는 것, 상농에서는 과거제도를 개선하고 벼슬에 나아가지 않는 사람은 농사를 짓도록 해서 놀고먹는 사람이 없게 해야 한다는 것과 함께 양역법良役法을 개선해야 함을 주장했다. 이런 다산이었기에 농사일에 대하여 자식들에게 얼마나 할 말이 많았겠는가. 편지를 볼 때 다산은 군더더기 없이 꼭 필요한 핵심 부분만 짚어주고 있다.

아욱과 배추와 무와 가지와 고추를 심고 또한 마늘과 파농사는 물론 미나리도 가꿔야 하며, 여름 한철 농사三夏之農로는 오이만 한 것이 없다고 한 것은 "작물 다각화"를 강조한 '편농'에 해당한다. 예로부터 우리 조상들은 농사짓는 가정을 일컬어 상·중·하 삼농三農으로 논해왔다. "하농下農은 잡초를 기르고, 중농中農은 곡식을 기르며 상농上農은 땅을 기른다"는 말이다. 다산이 두 아들에게 바란 것은 물론 상농이었다. 상농은 가을걷이가 끝나면서부터 다음 해 농사 준비를 시작한다. 이랑을 깊이 갈고 두엄을 넉넉히 넣는

다. 다른 농사꾼들은 농한기라 하여 화투놀이나 윷놀이에 몰두하는 동안 상농 집안은 논밭의 땅심을 북돋워주는 일에 정성을 쏟는다. 그렇게 땅이 잘 가꾸어지게 되면 다음 해의 농사는 이미 성공한 것이나 다를 바가 없게 된다는 것이 다산이 계속 강조하는 농업의 길이다.

농사와 글은 반드시 병행하라

실용교육의 네번째 과제는 연구하고 저술하는 영농인이 되라는 것이다. 다산은 차남 학유에게 보낸 서신에서, 이왕 닭을 기를 바에야 연구하여 품종을 개량하고, 남의 집보다 살지고 번식력이 강한 닭을 기르며, 여가에 닭 기르는 책인 『계경鷄經』을 저술하라고 했다.

네가 닭을 기른다는 말을 들었는데, 닭을 기르는 것은 참으로 좋은 일이다. 하지만 이중에도 품위 있고 저속하며 깨끗하고 더러운 등의 차이가 있다. 진실로 농서農書를 잘 읽어서 그 좋은 방법을 선택하여 시험해보되, 색깔과 종류로 구별해보기도 하고, 홰를 다르게도 만들어 사양飼養 관리를 특별히 해서 남의 집 닭보다 더 살지고 더 번식하게 하며, 또 간혹 시를 지어서 닭의 정경을 읊어 그 일로써 그 일을 풀어버리는 것, 이것이 바로 독서한 사람이 양계하는 법이다. 만약 이익만 보고 의리를 알지 못하며 기를 줄만 알고 취미는 모르는 채 부지런히 힘쓰고 골몰하면서 이웃의 채소를 가꾸는 사람들과 아침저녁으로 다투기나 한다면, 이는 바로 서너 집 모여 사는 시골의 졸렬한 사람이나 하는 양계법이다. 너는 어느 쪽을 택하겠느냐. 이미 양계를 하고 있다니 아무쪼록 백가百家의 서적에서 양계에 관한 이론을 뽑아 『계경』을 만들어 육우의 『다경』과 유득공의 『연경烟經』과 같이 한다면, 이 또한 하나의 좋은 일이 될 것이다. 세속적인 일에서 맑은 운치를 간직하는 것은, 항상 이런 방법으로 예를 삼도록 하여라.

다산은 학유가 양계를 하자 좋은 일이라며 우선 격려하였지만 곧바로 '잔소리'를 시작한다. 이왕 닭을 기를 바에야 연구하여 남의 집 닭보다 살지고 번식력이 강하게 사육하라고 일렀다.

또한 당나라 육우陸羽의 다도의 고전인 『다경茶經』과 유득공柳得恭의 『연경烟經』처럼 백가의 서적에서 양계에 관한 이론을 뽑아 『계경鷄經』을 저술하는 것이 좋다고 충고하고 있다. 농사짓는 일에 경經이라는 명칭을 붙인 것은 숙종 2년1676에 『색경穡經』을 저술한 박세당이 처음이지만, 다산 대로 내려오면 실용 학문의 분위기가 무르익어, 기존에는 천하게 생각했던 닭을 기르는 일, 색다른 취미 활동을 적극 받아들이는 분위기가 형성된다. 또한 그와 관련된 농서農書나

오늘날로 치면 '잡학사전'이라 할 만한 것들에 '경'을 붙이는 일이 과감하게 감행되었다.

선비들의 이런 작명법을 그냥 보아 넘길 일은 아니다. 이것은 앞선 시대에 대한 통렬한 반발이기도 했기 때문이다. 조선 성리학이 추상적이고 형태가 없는 리기理氣논쟁, 당파싸움에 빠져 정작 현실에서 직접 부딪치는 사물이나 사건, 역사의 다양한 경험들에 내포된 이치를 치밀하고 폭넓게 궁구하지 못해왔기 때문에 늘상 침략이나 당하고, 국가 행정부터 생활 전반까지 낙후되어 엉킨 실타래가 곳곳에서 조선의 발전을 막고 있었다. 당대의 지식인들은 뒤늦은 자책과 함께 방대한 현실 학문의 구축에 나섰지만 이런 이들은 여전히 극소수에 불과했다.

다산은 학유의 양계가 단순히 먹고살기 위한 것이어서는 안 된다고 보았다. 적어도 예전보다는 좀더 나은 방법으로 좀더 생산적인 방식으로 행해지길 원했다. 그것은 필시 백가의 책을 다 뒤져보아야 하는 공부의 일환이 될 수밖에 없었다. 그래야 닭이라는 존재가 오롯이 학유의 경영 아래 놓이게 되고, 닭에 문리가 트이게 되며, 그것이 실학 탐구정신의 계기가 될 수 있는 것이다.

그런 중에 여가가 나면 닭을 기르는 일의 정취를 삶의 논리로 풀어내라는 것이 아버지의 가르침이었다. 대개 독서하는 이는 닭을 기르는 일도 맑은 운치가 있다는 것은 그냥 하는 말이 아니다. 그가 장기에 유배 중일 때 지은 「장기농가십장長鬐農家十章 5」를 보면 그 운치가 단순한 전원의 한가로움이 아니라는 것을 짐작할 수 있다.

작기가 주먹만 한 갓 태어난 병아리들
여리고 노란 털이 깜찍하게 예쁘다네

가녀린 계집아이 공밥 먹는다고 누가 말하나
꼼짝 않고 뜰에 앉아 성난 솔개 지켜보는데

다산이 머물던 집에 병아리가 부화했는데, 그 집 어린 계집아이가 하루 종일 옆에 서서 솔개로부터 병아리를 지키고 있는 풍경이다. 병아리는 솔개가 채갈 수도 있고 족제비가 물고 갈 수도 있으니 병아리 보호 임무는 어른들이 일 나간 뒤 집에 남은 아이에게 주어지는 게 시골집의 생리일 터. 다산의 눈은 이 아름다운 풍경에서 시골 농가의 생활 논리를 읽어내고 있는 것이다. 농군들의 거친 숨소리가 들리는 듯한 「타맥행打麥行」이란 시는 또 어떤가.

새로 거른 막걸리 젖빛처럼 뿌옇고
큰 사발에 보리밥 높이가 한 자나 됨직하이

밥 먹고서 도리깨 들고 타작마당에 들어서니
검게 탄 두 어깨가 햇빛 따라 번들거린다

호야호야 소리를 내며 발 맞추어 두드리니
잠깐 사이에 보리 이삭이 질펀하게 널려 있다

주고받는 잡가 소리 갈수록 높아지고
보이느니 지붕까지 튀어오르는 보리인데

기색들을 살펴보니 뭐가 그리 즐거운지
육신의 부림받는 마음들이 아니로세

낙원이 저 멀리 있는 게 아니거늘
무엇이 괴로워 이곳 떠나 풍진객이 되리오

　산수를 노래한 시에서는 만나볼 수 없는 살아 있는 언어들이 펄떡거리는 이 시에서 보리타작의 노동 풍경이 만져질 듯하다. 들일 하기 전에 배불리 먹고, 고된 일을 할 때는 되려 즐거운 노래를 부르는 모습은 어느 시골 논밭에 가보나 마찬가지이고, 바다에서 그물을 끌어올리는 어부도 마찬가지다.

이렇듯 다산은 둘째 아들 학유가 죽어 있는 성리학이 아니라 노동의 살아 있음을 아는 유학자가 되길 바랐다. 이웃집과 다투는 속 좁은 닭 주인이 되지 말고 사람과 사람 사이의 정이 무엇인지 아는 인仁의 실천가로 자라나기를 원했다.

다산이 말하는 인仁에 대해 잠깐 언급해보자. 다산은 유교의 기본 덕목인 인에 대해서도 새로운 해석을 내리고 있다.

인仁은 이인二人이 관계하는 것이다. 부모를 섬기는 데 효孝가 인이니, 부모와 자식은 이인이다. 형을 대하는 데 공경함이 인이니 형제는 이인이다. 임금을 섬기는 데 충忠이 인이니, 임금과 신하는 이인이요, 백성을 돌보는 데 있어서 인자함이 인이니 지방관과 백성은 이인이다. 부부夫婦·붕우朋友에 이르기까지 두 사람 사이에서 그 도리를 다하는 것은 모두 인이다.

다산은 인仁을 사람 인人이 거듭된 글자라고 파악하고 있다. 즉 그것은 일방이 아니라 공존의 도리인 것이다. 인은 상하 주종의 관계를 말하는 것이 아니라 두 사람 사이에 의무와 책임을 다하고 권리를 주장하는 쌍방적인 관계인 것이다. 공자孔子가 정명正名을 이야기하면서 군군君君 신신臣臣 부부父父 자자子子라고 한 것은 다음과 같은 의미가 있다. 임금은 임금의 지위에 있다고 임금이 아니라 임금으로서 백성의 생존권을 책임지며 사회질서를 유지하는 역할을 다해야 임금인 것이며, 이는 아버지도, 신하도, 자식도 마찬가지다. 이 오륜五倫은 인간 사이에 도리를 다하는 횡적인 윤리로서, 상하를 강조하는 종적인 윤리보다 앞선 시대에 일반적으로 통용되었다. 이 것이 한나라 때 동중서 등에 의하여 관학화되면서 기득권 층의 이익을 지키기 위한 종적인 유교윤리로 바뀌게 되었다. 신하 · 아내 · 자식은 임금 · 남편 · 부모에 대하여 종속적인 관계라는 삼강오륜의 윤리로 말이다. 다산은 바로 이것을 바로잡고자 주자를 거슬러 공자로 돌아가기를 외쳤으며, 그 깨달음을 두 아들에게 전해주고자 했던 것이다.

삼금三禁 – 돈놀이, 상업, 약장수

다산은 자식들에게 먹고사는 일에 있어 세 가지를 금지시켰다. 아무리 집안이 어려워도 돈놀이인 대금업이나 상업과 약장사는 하지 말라는 것이다. 1810년경오 봄에 다산초당 동암에서 큰아들 학연에게 보낸 「시학연가계示學淵家誡」에서, 악착같이 돈을 모으는 행위를 해서는 안 된다고 단단히 이르고 있다.

사대부의 집에서 한번 벼슬길을 잃게 되면 집안이 탕진되어 유리걸식하며 천한 무리에 섞이지 않는 사람이 없는데, 그 이유의 하나는 자포자기하여 경전과 사서를 포기하기 때문이요, 다른 하나는 놀고먹으며 습관을 고치지 못하기 때문이다. 비록 음풍영월로 어려운 운자를 넣어 시의 우열을 겨루어서 한때의 헛된 명예를 얻는다 하더라도, 이런 것이야 물결에 떠가는 꽃잎과 같아서 곧 없어져버리는 것이다. 근본과 근원이 없는 학문이 어떻게 크게 떨칠 수 있으랴.

또한 의복과 음식의 근원이 되는 것은 오직 뽕나무와 마麻를 심고 채소와 과일을 심는 것이며, 부녀자는 길쌈을 부지런히 해야 한다. 그 나머지의 돈놀이나 물건 판매하는 것 및 약을 파는 일과 같은 것들은 모두 제일 악착스러운 사람들이나 할 수 있는 것으로 조금이라도 인간미가 있는 사람이라면 본전을 깎아먹고 본업까지 방치하게 된다. 그런 일은 일체 단념하도록 하라. (…) 공손하고 성실하게 경전을 정밀히 연구하고, 부지런하고 검소하게 과일나무와 채소를 심어 가꾸는 데에 힘을 다하며, 겸손한 마음으로 도를 지키며 일을 줄이고 경비를 절약하면 집안을 보존하는 어진 큰아들이 되리라.

이어서 다산은 부녀자들에게 이자 돈을 쓰는 일이 없도록 집안 단속을 잘해야 한다고 추가적으로 당부하였다.

부녀자의 어진 사람에게는 살림을 맡겨줄 따름이다. 그중에 혹 불초한 사람은 방어하고 살피며 조종하고 꾸짖기를 반드시 아주 간사한 사람에게 하듯이 해야 한다. 내가 전에 부인은 깨진 그릇과 같아 새는 구멍이 많다고 하였는데 지나친 말이 아니다. 함부로 이자 돈을 쓰는 사람은 반드시 가산을 망치는 법이다. 벼슬하는 집안이야 그런대로 보충해갈 길이 있겠지만 만약 농사짓는 집이나 가난한 선비의 아내가 감히 이자 돈을 쓰는 버릇이 있다면 사사로운 법률을 정해서 한 번 위반하면 경고하고 두 번 위반하면 저지하고, 세 번 위반하면 쫓아내도 되는 것이다.

위의 글에서 "내가 전에 부인은 깨진 그릇과 같아 새는 구멍이 많다고 하였는데 지나친 말이 아니다"라는 발언은 비록 속담을 인용한 것이나, 오늘의 시각에서 본다면 양성평등에 어긋난다 할 법하다. 이런 구절은 다산이 살던 당대의 시각에서 부득이하게 이해할 수밖에 없다. 더군다나 당시 선비들에게는 부녀자들의 취미생활을 불만스럽게 보는 시각이 있었다. 조선후기에 세책집에서 소설을 빌려다 읽는 붐이 일어난 것이 그렇다고 할 것이다. 다산은 다른 글에서도 부녀자가 소설에 빠지면 정신이 딴 데 몰려 살림은 손놓고 헤퍼지기 일쑤라고 지적한 바 있다. 특히 무리한 취미생활을 위해 이자 돈을 쓰면 가산을 망치는 법이라고 강하게 언급하였다. 벼슬하는 집에서는 부채를 갚을 길이 있으나, 농사짓는 가난한 선비 집에는 상환할 길이 없기 때문이다. 이에 다산은 아들에게 부인 단속을 잘 하라고 세 가지 규칙을 말하기에 이른다. 선비의 아내가 함부로 이자 돈을 쓰는 버릇이 있다면 사사로이 법을 정하여 한 번 위반하면 경고하고[一犯戒之], 두 번 위반하면 저지하고[再犯阻], 세 번 위반하면 쫓아내도 된다[三犯出 亦可也]는 것이다. 물론 이것은 남편인 두 아들이 아버지가 이른 대로 생업을 위한 책임을 다할 때에야 그 자격이 생기는 것이리라. 조선시대에는 생업을 부녀자에게만 맡기고 자신은 향락에 빠져 지내는 무책임한 양반들이 많았다. 만약 다산의 두 아들이 조금이라도 그런 기미를 보였다면 다산의 반응은 어떠했을까. 상상하기조차 힘든 일이다.

의원 노릇을 하지 마라

다산은 1810년 봄에 큰아들 학연이 의원 노릇을 하면서 명망을 얻으려 한다는 소식을 듣고 크게 반대했다. 아버지 다산은 절대 의원 노릇은 하지 말라고 명령을 내렸다. 그 사연 역시 「시학연가계示學淵家誡」에 있다.

네가 갑자기 의원이 되었다는데 무슨 뜻이냐? 무슨 이익이 있는 것이냐? 네가 그 의술을 빙자해서 요즘의 재상들과 교의交誼를 맺어 너의 아비가 죄에서 풀려날 수 있도록 도모하려는 것이냐? 옳지 못한 일일 뿐만 아니라 또 할 수도 없는 일이다. 세속에서 이르는 것으로만 인정을 베푸는 척한다는 말을 너는 알고 있느냐? 힘 안 들이고 입만 놀려 너의 뜻을 기쁘게 해주고는 돌아가서 냉소하는 자가 가득 차 있다는 것을 너는 아직도 깨닫지 못한 것이냐? 넌지시 권세가 성함을 보여 몸을 굽히고 땅에 엎드리게 한 것인데 네가 과연 그 술수에 빠졌으니 어리석은 사람의 행동이 아니겠느냐?

무릇 사람들 중에 높은 벼슬과 높은 직책이 있고 덕이 높고 학문이 깊은 사람도 별업으로 의술을 하는 자가 있기는 하지만 그 몸이 아주 천한 데에 이르게 하지는 않는다. 그리고 병자가 있는 집에서도 감히 곧바로 그에게 묻지 못하고 서너덧 단계를 거치고서야 겨우 처방 한 가지를 얻어가지고 그것을 귀중한 보물을 얻은 것 같이 여기고들 있으니 그래도 괜찮다고 할 수 있다. 그런데 지금 너는 소문을 내고 문을 크게 열어놓고 있으므로 온갖 종류의 사람이 날마다 거리를 메워 찾아들고, 물고기 같고 짐승 같은 한량 잡배들과 내력을 묻지도 않고 근본과 행실을 자세히 모르면서 모두 잠깐 만난 처지에 친구가 되고 있는가 하면 그들을 먹여주고 있다하니 이것이 무슨 변고란 말이냐? 이 뒤의 일은 나에게도 귀가 있으니 만약 그걸 고치지 않는다면 살아서는 왕래도 하지 않을 뿐만 아니라 죽어서 눈을 감지도 않을 것이니 너는 생각해서 하라. 나는 다시 말하지 않겠다.

다산이 아들에게 보낸 서간 26통과 가계 9통 중에서 이 글의 내용이 가장 격렬하다. 다산은 아들의 선의를 충분히 이해한다고 했다. "의술을 빙자하여 재상들과 사귀어 아버지를 유배에서 풀려나게 하려는 것"이라는 구절이 여기에 해당한다. 다산은 이어서 세상이 얼마나 무서운지, 잘못된 의사 행세가 어떤 결과를 불러오는지에 대하여 열변을 토한다. 우선 의사 노릇을 매개로 하여 정치적 실세들에게 아버지가 유배에서 풀려나도록 수를 써서는 안 된다는 것이다. 이에 앞서 우리는 다산 정약용이 홍역을 치료하는 방법을 담은 『마과회통麻科會通』을 비롯하여 서너 권의 의학 관련 저술을 쓴 바 있는 의학자임을 알아야 한다. 다산은 유배 시절 자신의 『마과회통』을 누군가가 표절하여 독창적인 저술인 양 유통시키고 있는 것을 아들에게 확인하여 보고하라고 명한 적도 있었다. 다산이 『마과회통』을 펴낸 것이 1798년정조 22이었으니 큰아들 학연의 의학 지식은 여기에서 나왔음을 알 수 있다. 유행병으로 자식을 많이 잃어본 다산이 유배를 떠나면서 자식들이 의학 지식을 필수적으로 익히도록 가르치지 않았을 리가 없다.

　또한 위의 편지에서 재상들에게 청탁하여 유배에서 풀려나지 않겠다는 다산의 단호한 의지를 확인할 수 있다. 다산은 정도를 걸었고 아들도 같은 길을 걷기를 원했다. 그가 의학 저술을 한 것은 순전히 사람의 목숨이 귀한데 제대로 된 책 하나 없어 죽어나가는 꼴

을 못 봐서이고, 자연을 탐구하고 실용적인 지식을 추구한 학자로
서의 한 방편이기도 했다. 하지만 이를 통해 명성을 얻고 권력에
끈을 대고 돈을 버는 일은 다산의 원래 뜻과 거리가 멀었다. "의원
노릇을 하는 것과 한량 잡배와 교유하는 일을 고치지 않는다면 죽
어서 눈을 감지도 않을 것이니 너는 생각해서 하라"라고 엄중하게
질책한 것은 그 때문이다.

다산이 폐족으로서 가난을 극복하고 후일을 기약할 수 있는 길
이 경제에 있다고 한 것은 현실주의적 입장에서 나온 것이다. 이러
한 실용경제 교육 내용은 그 시대 폐족에게 국한되는 것이 아니라
시공을 초월하여 누구에게나 적용되는 얘기다.

『마과회통』.

1798년(정조 22) 다산 정약용이 지은 마진痲疹(홍역) 치료에 관한 책. 다산의 자서自序에 따르면 "근
세에 이몽수라는 사람이 있어, 명예를 바라지 않고 뜻을 오직 활인活人에 두어 마진서痲疹書를 취
하여, 어린 생명을 건진 것이 만여 명에 이르렀고, 나도 또한 이몽수에 의하여 활의活意를 얻었다.
이에 그 덕에 보답하고자 이몽수의 『마진기방痲疹奇方』을 비롯하여 중국서 수십 종을 얻어 그 조
례를 소상히 밝힌다"고 하였다. 다산은 어려서 천연두를 앓았는데 이몽수의 치료를 받고 나은 적
이 있다. 다산의 『마과회통』은 근대 의학이 도입되기까지 마진 치료의 경전이 되었다.

❦ 학문 전승의 꿈

                        다산이 유배된 지 4년1804년, 갑자, 다산 43세이 되는 해에 두 아들을 그리며 지은 시 「칠회七懷」를 보면, 아들에 대한 애련과, 죄책감에 괴로워하면서도 자신의 학문을 두 아들이 계승·발전시키기를 기원하는 마음이 잘 드러나 있다.

두 자식 다 조정에 있을 그릇들인데
굶이 꺾여 오두박지기가 되었구나

두 눈에는 백 년 두고 눈물이요
석 달 만에 오가는 서신 한 통

부지런히 보리농사 수확하고

처량하지만 채소 심는 법 배워라

복희 문왕의 옛 심법을
너희 아니면 누가 내 뒤를 이을 것이냐

이 시는 다산의 자녀교육 세계를 압축한 것이라 해도 과언이 아니다. 다산은 두 아들이 조정에서 벼슬할 인재인데도 아버지로 인해 폐족이 되어 오두막지기가 된 데 대한 죄책감을 지울 수 없었다. 그 애련과 자책감으로 백 년이 가도 눈에 눈물이 흐르는데, 고향 소식을 알려주는 편지마저 3개월에 한 번 오는 가난한 현실에 또다시 울어야 했다. 집안의 경제를 살리기 위해 부지런히 보리를 수확하고 처량하지만 채소 심는 법을 배우라고 했다. 다산은 너희가 아니면 누가 내 학문을 계승할 것이냐며 호소했다.

다산은 자식들이 자신의 학문을 잇고 이를 발전시켜줄 것을 기대하였다. 이것은 그냥 하는 말이 아니었다. 다산이 보기에 두 아들의 학문 수준은 또래에 비해서 높았고, 거기서 희망을 보았기 때문이다.

자질이 있으니 정진하라

다산이 학문 전승을 위해 두 아이에게 강조한 첫번째 강령은 "자신의 학문적 역량을 인정하라"는 것이었다. 강진으로 유배된 지 2년째 되던 해에 쓴 편지 「기이아寄二兒」에는 두 아들의 학문에 대한 평가가 있다. 먼저 장남 학연에 대한 평가를 보자.

학가학연야. 너는 재주와 총명이 나보다는 조금 못하지만. 네가 열 살 때 지은 글은 내가 거의 스무 살 때에도 짓지 못했던 것이며, 근래 몇 해 전에 지은 것은 오늘날 나로서도 지을 수 없는 것이 더러 있으니, 이는 어찌 네가 공부한 길이 멀리 우회하지 않았고, 견문이 조잡하지 않은 때문이 아니겠느냐. 네가 곡산으로부터 돌아온 뒤로 나는 너에게 과문科文을 익히라고 하였는데, 그 당시 너를 아끼던 문인이나 운사韻士들이 모두 나의 욕심이 많음을 탓하였고, 나 또한 스스로 겸연쩍었다. 지금 네가 이미 과거에 응시할 수 없게 되었으니, 과문에 대한 근심은 잊게 된 것이다. 나는 네가 이미 진사가 되고 문과에 급제했다고 여긴다. 지식을 갖고 있으면서 과거에 얽매이지 않은 것이 진사가 되고 급제한 사람과 무엇이 다르겠느냐. 너는 진정 독서할 기회를 만난 것이다. 앞에서 내가 폐족의 처지에 잘 대처한다고 한 것이 이것이 아니겠느냐.

편지를 보낸 당시 학연은 19세였다. 내용에 언급된 "곡산으로부터 돌아온 뒤"는 1798년이니 학연의 나이는 15세였다. 아들이 15세가 되자 다산은 과거공부를 시키고자 했던 것이다. 그런데 주변에서 이를 만류했던 모양이다. 아직 나이가 어린데 아버지가 너무 급하게 몰아치는 것 아니냐고 말이다. 어쨌든 학연의 학문은 누구나 인정하는 수준이었던 듯하다. 이를 다산은 "10세 때 네가 지은 글은 내가 20세 때에도 짓지 못했고, 몇 해 전에 쓴 글은 지금의 나도 짓지 못하는 것이 간혹 있다"라는 말로 표현했다. 다산이 누구인가? 당대에 이미 따라올 사람이 몇 안 되는 최고의 문장가이자 학자였다. 잠깐 다산의 천재성에 관한 일화를 짚고 넘어가자.

매천梅泉 황현黃玹, 1855~1910이 지은 『매천야록梅泉野錄』을 보면 다산의 어린 시절 이야기가 나온다.

정승 이서구李書九가 어느 날 영평永平에서 대궐로 돌아오다가 길에서 한 짐의 책을 말에 싣고 북한산의 절로 가고 있는 한 소년을 만났다. 십여 일 후 고향으로 돌아가는데 다시 한 짐의 책을 싣고 나오는 지난번의 그 소년을 만났다. 이서구가 이상히 여겨 물었다.

"너는 누구인데 책을 읽지는 않고 왔다갔다만 하느냐?"

소년이 대답했다.

"다 읽었습니다."

이서구가 놀라서 물었다.

"싣고 가는 게 무슨 책이냐?"

"『강목綱目』입니다."

"『강목』을 어떻게 십여 일 동안 다 읽을 수 있단 말이냐?"

"읽었을 뿐만 아니라 욀 수도 있습니다."

그러더니 읽은 것을 줄줄 외는 것이 아닌가. 이 소년이 바로 다산 정약용이었다.

이런 다산의 어린 시절을 감안해볼 때, 아들에게 아버지를 간혹 능가한다고 말해준 것은 최고의 칭찬이 아닐 수 없다. 다산은 이어서 차남 학유의 학문을 이렇게 평가하였다.

학포학유야. 너는 재주와 역량이 너의 형보다는 한층 못한 듯하나 성품이 자상하고 사려가 깊으니, 진실로 독서하는 일에 전념한다면 어찌 너의 형보다 도리어 낫지 않겠느냐. 근자에 보니 네 문한文翰이 점점 진전되고 있기 때문에 그리 아는 것이다.

1802년 당시 학유는 16세였다. 재주와 역량에선 뒤떨어질지 모르나, 성품이 남달리 깊어 독서에 몰두한다면 형보다 앞설 수 있다고 본 것은, 그 시점에서 둘째 아들의 문한文翰에 점점 깊이가 생긴다는 것을 아버지 다산이 접수했기 때문이었다. 아버지는 기쁜 마음과 이를 더욱 학문의 길로 독려하기 위해 학연의 학문 수준을 꿰뚫어보고 그가 독서에만 힘쓴다면 형보다 더 큰 일을 이룰 수 있을 거라 격려하였다.

이런 아들들이 자신으로 인하여 벼슬길이 막혔으니 얼마나 가슴이 아렸는지 짐작할 수 있다.

독서가 애비를 살리는 길이다

「기이아寄二兒」에서 다산은 독서의 중요성도 환기시켰다. 즉 "독서가 아비를 살리는 길"이라는 구절이 눈길을 끈다. 편지를 보자.

나는 천지간에 외롭게 살면서 의지하여 운명으로 삼는 것은 오직 문묵文墨일 뿐이다. 간혹 한 구절, 한 편의 마음에 맞는 글을 짓게 되면 나 혼자만이 읊조리고 감상하다가, 이윽고 생각하기를 '이 세상에서 오직 너희들에게만 보여줄 수 있다'고 하는데, 너희의 생각은 멀리 연나라나 월나라처럼 여겨 문자 보기를 쓸모없는 물건처럼 여기고 있구나. 세월이 흘러 몇 해를 지나, 너희들이 나이가 들어서 기골이 장대해지고 수염이 길게 자라면 얼굴을 대해도 미워질 것인데, 그때에 이 애비의 글을 읽으려 하겠느냐. 나의 생각에는 조괄趙括이 아비의 글을 잘 읽었으니, 훌륭한 자제라고 여겨진다.

너희들이 만일 독서하려 하지 않는다면 이는 나의 저서가 쓸모없게 되는 것이요, 나의 저서가 쓸모없게 되면 나는 할 일이 없게 되어, 장차 눈을 감고 마음을 쓰지 않아 흙으로 만들어놓은 우상이 될 것이니, 그렇게 되면 나는 열흘도 못 되어 병이 날 것이요, 병이 나면 고칠 수 있는 약도 없을 것이다. 그렇다면 너희들이 독서하는 것이 나의 목숨을 살리는 일이 아니겠느냐. 너희들은 이것을 생각하여라. 너희들은 이것을 생각하여라.

전국시대 조나라의 명장 조사趙奢에게는 조괄趙括이라는 아들이 있었다. 조괄은 어린 나이에 병서를 즐겨 읽어 입으로 담론하는 것에 있어서는 아버지인 조사도 그를 따라잡을 수 없었다. 하지만 조사가 죽고 실제 조괄이 대장군이 되어 군대를 이끌었을 때 조나라 군대는 진나라 군대에게 포위되어 전멸되고 말았다. 조괄의 지식이 탁상공론일 뿐이었기 때문이다. 하지만 위의 편지에서 다산이 강조한 것은 조괄이 읽었던 병서가 대부분 아버지 조사가 저술한 것들이며, 이것들을 신독하여 비록 이론에 그치긴 했으나 당대에 이름을 날린 최고의 병법가가 된 것을 칭찬한 것이다.

유배 초기에 다산은 두 아들이 슬픔에 지쳐 샛길로 빠지지 않도록 각별히 신경을 썼다. 슬픔을 이기는 법은 독서와 노동이 최고이다. 아버지의 책은 아들이 읽어야 하며, 아들이 아버지를 알아주지 못한다면 죽을 수밖에 없다는 다산의 논지는 눈물겨운 호소에 다름 아니었다. 다산은 독서는 목숨보다 소중한 것이라고 거듭 강조했다.

나의 역사를 너희에게 맡긴다

학문 전승 교육의 세번째 강령은 학문에 힘써 아버지의 저술을 보존하고 발전시키라는 것이다. 이름난 학자가 죽으면 그 학문적 유산을 책으로 엮어 후세에 전하는 것은 자손의 몫이었다. 다산은 자신이 이룬 학문적 업적을 자식들이 계승하기를 염원했고, 자신의 저서가 후세에 전해지려면 두 아들이 반드시 학문을 해야 한다는 논지를 폈다. 역시 1802년에 쓴 「기이아」에 이런 아버지의 소망이 담겨 있다.

너희들이 끝내 배우지 않고 스스로 포기해버린다면, 내가 지은 저술과 간추려 뽑아놓은 것들을 장차 누가 모아서 책을 엮고 바로잡아 보존시키겠느냐. 그렇게 할 수 없다면 이는 나의 글이 끝내 전해질 수 없게 되는 것이다. 내 글이 전해지지 못한다면 후세 사람들은 단지 대계臺啓와 옥안獄案

案에만 의거해서 나를 평가하게 될 것이니, 나는 장차 어떠한 사람이 되겠느냐.

너희들은 아무쪼록 이 점을 생각해서 분발하여 학문에 힘써 나의 이 한 가닥 문맥이 너희들에게 이르러 더욱 커지고 더욱 왕성해지게 하여라. 그렇게 되면 훌륭한 집안의 좋은 벼슬도 이러한 청귀淸貴함과 바꿀 수는 없을 것이다. 무엇 때문에 이를 버리고 도모하지 않느냐.

존귀하고 세력을 떨치는 가문이라면 저술을 많이 한 어른이 돌아가셨을 때 편집위원회가 꾸려질 수 있다. 이 가문 출신의 여러 학자가 참여하여 기존에 펴냈던 책들과 미처 간행되지 못한 원고를 모두 모아 방대한 전집을 만든다. 이때 기존 저서의 오류는 바로잡히고, 글 쓴 사람이 생전에 고증하지 못했던 부분은 여러 책을 통해 검증되어 원의를 살리되 오류를 최소화한 책으로 탄생된다. 호랑이는 죽어서 가죽을 남기지만 학자는 책을 남긴다. 다산은 자신의 정치적 삶은 이미 끝났다는 사실을 알고 있었다. 배운 것을 자신이 직접 실천하는 것은 못 하지만, 그것이 후세에 전해져 실천될 수 있기를 간절히 바랐다. 누가 이 일을 해줄 수 있을까. 폐족의 처지에서는 두 아들에게 그 일을 기대할 수밖에 없었다. 다산처럼 꼼꼼한 성격에 그의 사후에 혹여 다른 사람의 손에 글이 넘어가 윤색되는 것은 가장 두려워할 만한 일이었을 것이다. 따라서 두 아들이 학문적으로 장성해야 그 일을 외부의 간섭 없이 아버지의 가르침에 따라 해낼 수 있는 것이다. 위의 편지에서 대계臺啓와 옥안獄案은 사헌부와 사간원의 대간들이 임금에게 보고한 문서들이다. 바로 정치적 앙숙들이 작성한 문건이다. 여기에 정약용은 사악한 서학西學에 물든 '천주교쟁이'로만 기록됐을 뿐이다. 어찌 억울하지 않겠는가. 다산의 자식교육은 이러한 먼 일까지 내다보는 치밀함 속에서 계획된 것이었다.

이 두 책만은 버릴 수 없다

학문 전승 교육의 네번째 조항은 자신의 저서를 전습傳襲하는 이가 자손이자 붕우이며 은인이라는 것이다. 다산이 1808년무진, 47세 여름에 두 아들에게 보낸 「시이자가계示二子家誡」를 보면, 자신의 저서, 즉 학문적 성과에 대한 자부심이 무척 강하게 스며 있다.

내가 죽은 뒤에 아무리 정결한 희생과 풍성한 안주를 진설해놓고 제사를 지내준다 하여도, 내가 흠향하고 정말 기뻐하는 것은 내 책 한 편을 읽어주고 내 책 한 장을 베껴주는 일이니라. 어떤 것도 이보다는 못하게 여길 것이니, 너희들은 그 점을 기억해두어라.

다산은 이어서 자신의 역작에 대하여 다음과 같이 언급하고 이 책의 오묘한 이치를 터득하는 사람이 있기를 바랐다.

『주역사전周易四箋』은 바로 내가 하늘의 도움을 얻어 지어낸 책이요, 절대 사람의 힘으로 통할 수 있고 사람의 지혜나 생각으로 이룰 수 있는 바가 아니다. 이 책에 마음을 가라앉혀 깊이 생각하여 오묘한 뜻을 모두 통할 수 있는 사람이 있다면 그는 바로 나의 자손이나 붕우가 되는 것이니 천 년에 한 번 나오더라도 배 이상 나의 정을 쏟아 애지중지할 것이다. 『상례사전喪禮四箋』은 바로 내가 성인을 독신하여 지은 책으로 내 생각에는 광란의 물결을 돌리고 온갖 내[川]를 막아 공맹의 참된 근원으로 돌아가게 했다고 여기고 있다. 정밀하게 생각하고 관찰하여 그 오묘한 뜻을 터득하는 사람이 있다면 이것이야말로 뼈에 살을 붙이고 죽은 생명을 살려준 은혜와 같아 천금을 주지 않더라도 받은 것처럼 감지덕지하겠다.

이 두 책만 전습할 수 있다면 나머지 것들은 폐기한다 하더라도 괜찮겠다. 나는 가경 임술년(순조 2, 1802) 봄부터 곧 저서著書하는 것을 업으로 삼아 붓과 벼루만을 곁에다 두고 아침부터 저녁까지 쉬지 않았다. 그 결과 왼쪽 어깨에 마비 증세가 나타나 마침내 폐인의 지경에 이르고, 안력이 아주 어두워져서 오직 안경에만 의지하게 되었는데, 이렇게 한 것은 무엇 때문이었겠느냐? 너희들과 학초學樵가 있기에 전술傳述하여 떨어뜨리지 않을 것으로 여겼는데, 지금 학초는 불행히 명이 짧았고 너희들은 영락하여 친근한 사람도 없는 데다 성미조차 경전을 좋아하지 않고 오직 후세의 시율이나 조금 알아보는 형편이니, 『주역』과 『상례』 두 책이 결국 없어져 빛을 보지 못할 지경에 이를까 참으로 두렵구나.

다산은 자신의 대표 저서를 『주역사전』과 『상례사전』으로 꼽았다. 『주역사전』은 "내가 하늘의 도움을 얻어 지어낸 책이요 절대로 사람의 힘으로 통하거나 사람의 지혜와 생각으로 이룰 수 있는 바가 아니다"라고 스스로 크게 칭찬했는데 여기엔 그럴 만한 이유가 있다. 잠깐 이 책에 대해 살펴보자. 이는 다산 정약용의 『주역』 해설서로 총 24권 12책에 이르는 방대한 분량으로 현재 그 필사본이 규장각에 소장되어 있다. 다산이 강진에 유배되어 있을 때인 1808년, 네 차례의 수정 작업을 하는 등 각고의 노력 끝에 완성했다. 추이推移 · 물상物象 · 호체互體 · 효변爻變 등 네 가지 방법을 이용하여 『주역』을 풀이했으며 『주역사전』이라는 이름은 여기서 나왔다.

다산의 자부심은 이 책에서 정이의 『역전易傳』이나 주희의 『주역본의周易本義』 등 송나라 성리학자들의 『주역』 이해 방식에서 탈피하여 경전 본문의 차례를 재편성하는 한편 독자적인 해석을 했다는 것에 있었다. 중국 송나라의 유학자 정호程顥 · 정이程頤 그리고 주희朱熹는 각각 정자程子와 주자朱子라고 자字를 붙여 조선에서 성인으로 떠받들던 성리학의 종주들이었다. 하지만 다산은 유학의 병폐가 바로 '성리학화' 한 것에 있다고 보고 여기서 근본적으로 벗어나는 방법을 『주역』 해석에서 취하고자 했다. 약간 복잡하고 난해하지만 그 주요 골격만 옮겨보면 다음과 같다.

성리학에서 태극을 '천리天理' 라 보았던 것과 달리 '천지天地의 배태' 로 인식하고 태극 위에 만물을 주재하는 '천天' 을 설정했다. 이에 따라 송대 성리학자들이 성리학적 사유 구조 위에서 복서를 위한 책, 또는 의리를 밝힌 책으로 규정했던 『주역』을 다산은 개과천선을 위한 윤리서로 이해했다. 곧 64괘는 천지와 인간을 주재하는 하늘의 명을 자연에서 유추하여 형상화한 것이며, 인간은 공정함과 성의를 다하여 올바른 행위를 위해 『주역』을 필요로 한다는 것이다. 육경사서에 대한 전면적 재검토를 통해 주자학의 사상 체계를 벗어나 천인분리의 사상과 평등한 인간관을 확립하고, 이를 바탕으로 조선 봉건사회를 근본적으로 개혁하고자 했던 다산의 경전 재해석 작업의 한 산물이다.

요즘에도 이 책은 다산의 실학 사상을 이해하는 필수적인 자료로 평가받고 있으며 최근에야 우리말로 번역되었다. 『상례사전』은 『상례』를 부모를 잃은 애통의 정감을 표현하는 작품으로 보고, 곳곳에서 부모를 잃은 자식의 심정에 합치하는가를 기준으로 경문을 전석詮釋하고 여러 학자의 득실을 토론한 결과물이다. 그 분량이 50권에 이르는 대작이며 다산이 이를 위해 얼마나 많은 문헌을 찾아

뒤지고 일일이 비교 · 분석했는지 그 고초가 능히 짐작이 된다.

그러했기에 다산은 다른 저술을 다 버리더라도 이 두 책만큼은 후세에 전하기를 간절히 바랐고, 두 책의 오묘한 이치를 마음으로 이해하는 자가 있다면 "바로 나의 자손이나 붕우이며"이며 "정을 쏟아 애지중지할 것"이라고 했던 것이다. 편지를 보낼 당시에 다산은 두 아들과 중형정약전의 아들 학초學樵, 1791~1807가 자신의 학문을 잇기를 기대했는데, 불행하게도 학초는 17세로 요절했고 자식들이 경전을 좋아하지 않아 걱정이 막심하였다.

지음知音이면 지체없이 섬겨라

다산의 학문 전승 교육의 다섯번째 조항은 "내 책을 알아주는 이를 아버지처럼 섬겨라"라는 것이다. 유배 8년째인 1808년무진 한여름에 다산초당에서 쓴 「시이자가계示二子家誡」를 보면 자신의 시집을 간행해주는 이가 지음知音이라고 되어 있다. 자기가 지은 시가 대부분 마음에 들지 않으나, "나를 위하여 보잘것없는 것들을 덜어내고 아름답고 선명한 것들만 남겨주는 이가 있다면, 이 사람이야말로 나를 알아주는 이"라고 하여 시집을 간행해주는 지음이 있기를 바랐다.

유배 10년째인 1810년 국화가 만개한 9월에 다산초당에서 쓴 「시이자가계」를 보자.

> 유향劉向은 흠歆을 아들로 두었고, 두업杜鄴은 임林을, 양보楊寶는 진震을, 환영桓榮은 전典을 아들로 두었으니 아들이 훌륭하여 자기 아버지의 책을 읽었던 경우가 많기도 했다. 나도 너희들에게 바라는바 마음을 가라앉혀 연구에 몰두해서 심오한 이치를 통할 수 있으면 다행이겠다. 그렇기만 하면 내 비록 궁색하게 살더라도 근심이 없겠다.
> 군자가 책을 지어 세상에 전하는 것은 오직 한 사람의 알아줌을 구하여 온 세상 사람들의 성냄도 피하지 않는 것이다. 만약 나의 책을 알아주는 사람이 있다면 그들의 나이가 많을 경우 너희들은 아버지로 섬기고 너희와 엇비슷한 나이라면 너희들이 형제를 맺는 것도 좋을 것이다.

다산은 두 아들에게 전한前漢 때의 유향과 두업 그리고 후한後漢 때의 양보와 환영을 거론하며, 그들의 아들이 학문에 정진하여 아버지의 저서와 삶을 후세에 전해지게 했음을 강조했다. 한 사람이라도 제대로 알아준다면 세상 모든 사람이 자신의 책을 비판해도 아랑곳하지 않겠다는 위의 말처럼 격세지감과 비통함을 느끼게 하는 말도 없다. 책의 판매부수가 곧 그 책의 존재 가치를 증명하는 오늘날이기에.

다산은 1810년 2월에 쓴 「시학연가계示學淵家誡」에서 심하다 할 정도로 자식들을 훈계하였다. 앞서 언급한 전국시대 조나라 장수 조괄은 불초한 자식의 첫째로 치지만, 그래도 그는 아버지 조사趙奢의 서전書傳을 충실히 읽었다고 강조했다. 다만 조괄은 임기응변하는 방법을 통달하지 못했기 때문에 결과적으로는 가문을 멸문지화의 길로 내몰았다. 다산은 두 아들을 일컬어 "너희들은 내 저서를 읽지도 못하니" 만약에 반고班固로 하여금 사람의 등급을 매기는 표를 만들게 한다면 "너희들은 반드시 조괄의 아래 자리에 놓일 것"이라고 꾸짖었다. 만약 그렇게 된다면 그만큼 통분할 만한 일도 없을 것이니 어서 학문에 힘쓰라고 타일렀다.

이처럼 다산은 자신의 학문이 자식들에게 전수되어 계승·발전되기를 염원하였다. 그리고 그의 저서인 『주역사전』과 『상례사전』을 터득하고 시집이 후세에 간행되기를 갈망하였다. 향리에서 유배 간 아버지의 빈자리를 지켜야 했던 두 아들은 대학자인 부친의 이러한 요구를 큰 부담으로 받아들였음이 분명하다.

백성의 윤택과 사물의 육성

다산은 학문 전승의 여섯번째 조항으로 "만백성을 윤택하게 하

고 모든 사물을 기르려는 마음[澤萬民 育萬物]'을 가지라고 했다. 1802
년임술 12월 22일에 쓴 서간에서 독서군자가 갖추어야 할 소양을
다음과 같이 제시하였다.

문장은 반드시 먼저 경학으로 근기를 확고히 세운 뒤에 사서를 섭렵해서
정치의 득실과 치란의 근원을 알아야 하며, 또 모름지기 실용적인 학문
에 마음을 써서 옛사람들의 경제에 관한 서적을 즐겨 읽고서 마음속에 항
상 만백성을 윤택하게 하고 모든 사물을 기르려는 마음이 있어야만 비
로소 독서하는 군자가 될 수 있는 것이다. 이와 같이 한 뒤에 혹 안개
낀 아침과 달 밝은 밤, 짙은 녹음과 가랑비 내리는 것을 보면 시상이 떠
오르고 구상이 일어나서 저절로 읊어지고 저절로 이루어져서 천지자
연의 소리가 맑게 울려 나올 것이니, 이것이 바로 시가의 활발한 문지
[門地]인 것이다.

독서 군자의 기본적 소양은 ①경학으로 근기根基를 세우고 ②사
서를 섭렵하여 정치의 득실과 치란治亂을 알아야 하며 ③실용의 학
문에 마음을 두고 고인의 경제에 관한 서적을 탐독하여 ④만백성
을 윤택하게 하고 모든 사물을 기르려는 마음을 가져야 한다는 것
이다. 이처럼 된 후에야 자연의 현상과 만났을 때 저절로 문학이
이루어지는 것이라 하고, 이것이 바로 시가의 활발한 문지라고 하

였다. 특히 ④의 "택만민 육만물澤萬民 育萬物"은 바로 문학의 사명이 자 생태 존중의 사상으로 다산이 평생토록 강조했던 교육 이념이 었다.

한편 다산은 아들의 학문 성장을 위해 저술하는 법과 초록하는 방법 등을 여러 번에 걸쳐 자세히 설명하였다. 그중에서 1808년 여름에 쓴 「시이자가계示二子家誡」를 보자.

대체로 저서하는 법은 경적經籍을 으뜸으로 삼아야 하고 그다음은 경세經世와 택민澤民의 학문이어야 하며, 국경을 지키고 성을 쌓는 기구의 제도로 외침을 막아낼 수 있는 분야의 것들도 소홀히 해서는 안 된다. 자질구레한 이야기들로 구차하게 한때의 괴상한 웃음이나 자아내게 하는 책이라든지, 진부하고 새롭지 못한 이야기나 지리하고 무용한 논의와 같은 것들은 다만 종이와 먹만 허비할 뿐이니, 좋은 과일나무를 심고 좋은 채소를 가꾸어 생전의 살 도리나 넉넉하게 하는 것만 못할 것이다.

다산은 학자로서 저술 작업을 할 경우 첫번째가 유가 경전에 관한 책이고, 두번째가 세상을 경영하고 만백성을 윤택하게 할 수 있는 책이며, 세번째가 국방을 튼튼히 할 수 있는 내용의 책이라고 하였다. 다산은 두 아들이 이 세 가지 범주 안에서 뜻을 펼칠 수 있기를 바랐다.

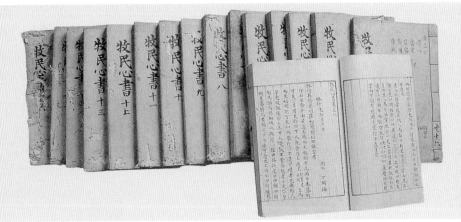

『목민심서』.

다산이 고금의 여러 책에서 지방관의 사적을 가려 뽑아 치민治民에 대한 도리를 논술한 책으로, 유배 나가서 저술해 유배가 끝나가던 1818년 봄에 완성하였다. 총 48권 16책이다. 책의 내용은 지방관이 지켜야 할 지침을 제시하고 지방 관리들의 폐해를 비판한 것인데, 그의 부친이 여러 고을의 지방관을 지낼 때 임지에 따라가 견문을 넓혔고, 그 자신도 지방관 및 경기도 암행어사를 지내면서 지방행정의 문란과 부패로 인한 민생의 궁핍 상을 체험한 바 있기 때문에 이런 저술이 가능했다.

그러고는 이를 스스로 실천해 보았다. 첫째의 경전 연구는 바로 그의 육경사서에 대한 방대한 저술들이고, 둘째의 경세택민에 관한 저술은 일표이서—表二書인 『경세유표經世遺表』 『목민심서牧民心書』 『흠흠신서欽欽新書』이고, 세번째 국방 관련 저서로는 『아방비어고我邦備禦考』 30권미완성 등이 있다.

현실주의와 실용주의 교육

지금까지 살펴본 것은 다산이 유배지에서 자식들을 교육한 내용의 일부에 지나지 않는다. 그의 폐족으로서의 생존법, 경제적 자립을 위한 실용 학문, 학문 전승의 중요성과 그 방법 및 가문 중흥의 꿈은 모두 현실주의와 실용주의에 근간을 둔 것이다. 즉 자식교육이 바로 미래이자 희망이라는 다산의 교육철학은 시공을 초월한 선명善鳴이 아닐 수 없다.

이런 그의 자녀교육은 어떤 결과를 거뒀을까. 추사 김정희 1786~1856의 제자인 이상적李尙迪, 1804~1865이 다산의 큰아들 정학연이 운명하자 쓴 「봉만정유산직장奉挽丁西山直長」에서 "문장은 능히 나라를 빛내고 의술은 나라를 치료할 만하다[文能華國醫醫國]"라고 한 것을 보면, 장남 학연이 문장과 의술에 뛰어났음을 알 수 있다. 최근

일본에서 발굴된 정학연의 시집 『삼창관집三倉館集』필사본과 그의 편찬서로 알려진 『종축회통種畜會通』, 차남 정학유가 편찬한 『시명다식詩名多識』에서 그들의 학문세계의 편린을 찾을 수 있다.

한 가지 짚고 넘어갈 것은 다산이 장남 정학연에게 의원 노릇을 그만두라고 강권했음에도 불구하고, 이상적이 "의술은 나라를 치료할 만하다"라고 증언한 것을 보면 적어도 이 문제에서만은 교육적 효과가 없었던 것 같다.

다산은 유배의 역경 속에서도 자식교육을 위해 애쓴 강인한 아버지였으나, 자신으로 인해 폐족이 된 두 아들에게는 빚을 졌다. 유배지에서 가계와 서간으로 원격교육하였다고 하여 아들에게 진 부채가 갚아졌던 것은 아니다. 이는 낡고 부패한 조선왕조가 만든 비극이 아닐 수 없다.

다산은 비록 자식들에게 좋은 환경을 물려줄 순 없었으나, 실학을 집대성하여 우리나라 지성사에 새로운 지평을 열었다. 즉 다산은 자신을 유배 보낸 조선왕조의 학술사에 "실학의 집대성"이라는 미증유의 선물을 안겼다. 그러므로 조선은 다산 삼부자에게 큰 빚을 진 셈이다.

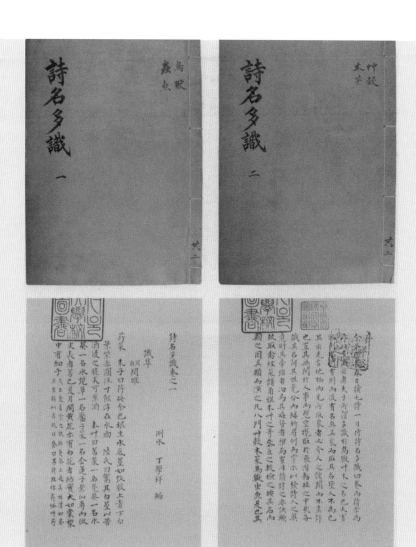

『시명다식詩名多識』.

1865년(고종 2) 다산의 둘째 아들 정학游가 엮은 것으로 각종 생물을 풀·곡식·나무·나물·
새·짐승·벌레·고기의 여덟 부문으로 분류하고, 310여 종의 물명物名을 뽑아 해설한 유서類書.
『금경禽經』, 『채고菜譜』, 『이아爾雅』 등의 책을 참고하여 비교, 검토하면서 상세히 기술하였다.

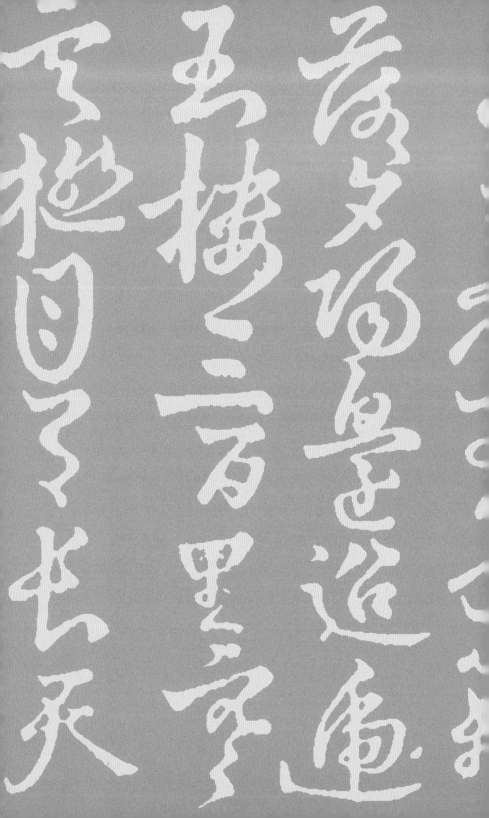

가난한 아버지의 슬픈 도덕

제2부

훔친 호박으로 끓인 죽

아버지 다산은 가난하였다. 9명의 자식을 낳았던 그의 생활은 먹는 일을 걱정할 정도로 어려웠다. 자신이 가난한 건 선비의 기개로 버틸 수 있지만 가난하여 가족이 배를 곯는 일은 가장으로서 괴롭지 않을 수 없었다. 가난을 벗어날 수 있는 유혹은 많았다. 다산의 뛰어난 두뇌로 재산을 축적하고자 했다면 아마 당대의 부자가 됐을 것이다. 하지만 양심적인 사대부가 할 수 있는 일은 그리 많지 않았다.

가령 큰아들 학연이 유배 중인 다산에게 편지를 보내 '당대 권력자들에게 뜻을 조금만 굽혀 안부를 묻는 편지를 먼저 보낸다면 그쪽에서 다산을 다시 포용해줄 의사가 있다'고 알려온 일이 있었다. 장남으로서 아버지를 위해 이리저리 뛰어다녔을 학연의 마음은 이해가 되지만 이 편지를 보고 다산은 얼마나 실소를 금치 못했을까. 다산이 학연에게 보내는 답장에서 말한 것을 요약하면 다음과 같다.

사람은 세상을 살아가면서 늘 두 가지를 판단해야 하는데, 좋은 일과 나쁜 일, 이익이 되는 일과 손해가 나는 일이 그것이다. 좋은 일을 하고 이익을 보면 가장 훌륭하다. 손해를 보면서 좋은 일을 하면 그 다음이며, 나쁜 일로 이익을 보는 것은 그 아래이다. 가장 좋지 않은 것이 나쁜 일을 하면서도 손해를 보는 것인데 지금 네가 아비에게 하라고 한 것은 바로 나쁜 일을 하면서 손해를 보라는 것이니 이 어찌 가능하겠느냐.

다산은 적들이 어떤 심성을 가진 이들인지 훤히 꿰뚫고 있었다. 지금 고개를 숙이면 그들은 못이기는 듯, 받아주는 척하겠지만, 늘 경계하며 자신을 감시할 것이고 그들이 권력을 잡는 날엔 반드시 죽이고 말 것이라는 점을 잘 알고 있었다. 다산은 조선의 당파싸움의 본질적 구조에 대하여 이렇게 얘기한 바 있다.

사람들이 입으로는 의리와 도리를 말하지만, 그 끝을 파고 들어가서 보면 매양 자리 욕심이다. 욕심과 욕심이 겨루는 데에는 힘이 센 것이 최고이고, 힘이 아쉬워 지원을 요청하면 이것이 당파가 된다.

다산의 처신은 이처럼 냉철한 현실 판단과 지식인의 양심이 결합된 것이다. 곡학아세는 다산에게 당치도 않는 일이었다.

배운 사람이 할 일은 효제孝悌가 그 반이고 목민牧民이 나머지 반이라고 말하곤 했던 다산은 자발적으로 가난을 택했다. 괴롭지만 어쩔 수 없었다. 그 가난 때문에 양반 체면을 구기는 일이 있더라도 그 체면을 지키기 위해 자신의 도덕적 판단 기준에서 벗어나는 일은 절대 하지 않았다. 다산이 태학성균관에서 공부할 적인 스물세 살1784 때, 여름에 장마로 인하여 열흘 만에 집에 돌아와보니, 식량이 떨어진 지 오래되어 어린 여종이 이웃집 호박을 훔쳐서 죽을 끓였다가 부인에게 꾸중을 듣고 있었다. 이때 쓴 「남과탄南瓜歎」에는 젊은 다산의 가난한 모습이 오롯이 그려져 있다.

굿은비 열흘 만에 여기저기 길 끊기고
성 안에도 시골에도 밥 짓는 연기 사라졌네

태학에서 글 읽다가 집으로 돌아와
문 안에 들어서자 시끌벅적 야단이네

들어보니 수일 전에 끼니거리 떨어져서
호박으로 죽을 쑤어 허기진 배 채웠는데

어린 호박 다 땄으니 이 일을 어찌할고
늦게 핀 꽃 지지 않아 열매 아직 안 맺었네

옆집 밭의 항아리만큼 커다란 호박 보고
여종이 남몰래 그걸 훔쳐 가져와서

충성을 바쳤으나 도리어 야단맞는데
누가 네게 훔치랬냐 회초리 꾸중 호되네

아아 죄 없는 아이 꾸짖지 마오
내 호박죽 먹을 것이니 두말 마시오

옆집 주인 노인께 사실대로 말하리니
오릉중자 작은 청렴 달갑지 않다

이 몸도 때 만나면 출셋길 열리리라
안 되면 산에 가서 금광이나 파야지

만 권 서적 읽었으나 어찌 아내가 배부르리
밭 두어 이랑 있었던들 여종은 깨끗했을 텐데

가난한 다산의 지적 갈등과 고뇌가 적나라하게 형상화되어 있다. 여기에 나오는 오릉중자於陵仲子는 전국시대 제齊나라의 진중자陳仲子이다. 그는 귀족 출신으로 지나칠 정도로 청렴결백하여 자기 형이 받은 녹을 의롭지 않은 것이라 여겨 먹지 않았으며, 자기 어머니가 거위를 잡아 요리한 고기를 토해내고 먹지 않았다. 그는 아내와 함께 오릉현으로 가서 자기는 신을 삼고 아내는 길쌈을 하면서 살았다. 맹자는 진중자가 어머니를 피하고 형을 피한 청렴은 바람직한 것이 아니라고 비판하였다.『맹자』「등문공 하」

다산은 진중자의 작은 청렴을 거부하였다. 여종이 훔쳐온 호박으로 끓인 죽을 달게 먹고 나서 주인에게 찾아가 이실직고하겠다고 하였다. 여기에서 우리는 젊은 다산의 강한 윤리의식을 읽을 수 있다. 시를 쓴 23세1784의 여름, 다산에게는 아내와 작년 9월에 태어나 아직 돌도 지나지 않은 젖먹이학연가 있었다. 그런데 아내와 어린 아들을 먹일 양식이 없었다. 이에 여종은 주인마님에게 충성하려고 이웃집 호박을 훔쳐와 죽을 끓였다가 도둑질을 해왔다고 회초리를 맞고 있었다. 양반집 체면에 기가 막힌 이야기가 아닐 수 없고 안주인의 심정도 이해가 간다.

이런 가난한 현실을 남편이자 아버지인 젊은 다산은 가슴 아프게 토로하였다. 과거공부가 뜻대로 되지 않을 경우 산에 가서 금광을 파더라도 처자식을 굶기지는 않겠다는 의지의 표명인 것인데,

그 젊은 나이에 만 권의 책을 독파한 천재가 이런 말을 뱉어야 했다는 게 안타깝기 그지없다. 다산은 만 권 독서로는 사랑하는 아내와 젖먹이 어린 아들을 굶주림에서 벗어나게 할 수 없다는 사실을 무엇보다 괴로워했다. "밭 두어 이랑만 있었던들"이란 말에서 보듯 다산에게는 농사를 지어먹을 땅이 없었다. 한 조각의 땅만 있었다면 당연히 여종으로 하여금 호박을 훔치게 하는 구차한 일은 일어나지 않았을 것이다.

가난으로 인하여 일어난 부끄러운 일을 숨기지 않은 솔직함과 호박 주인에게 벌어진 일을 사실대로 고백한 '도덕성'은 실학을 집대성한 위대한 학자가 어떤 조건에서 그런 업적을 남겼는지 다시 한번 환기시켜준다.

요절한 6명의 어린 자식을 땅속에 묻어야 했던 것이 아무리 다산의 운명과 팔자라고 하나, 이처럼 지독한 가난으로 인하여 명의를 만나지 못하고 좋은 약으로 치료하지 못하여 결국 자식들을 허망하게 잃게 되었는지도 모른다. 다산은 이 시를 쓰고 5년이 지난 1789년 3월28세에 식년전시式年殿試 갑과甲科 제2인으로 대망의 과거에 급제하여 벼슬길에 오른다.

책을 팔아 생계를 꾸리다

인간사에서 먹고 입는 것처럼 긴급한 것은 없다. 다산은 과거에 급제하여 벼슬살이를 하고 있었지만 가난은 항상 그림자처럼 그를 따라다녔다. 가난의 농도가 애장하던 책을 팔아서 먹고 입는 것을 해결해야 할 정도였다. 그가 32세 때인 1793년갑인, 정조18 10월 1일에 책을 팔아먹고 써서 정곡貞谷에게 보여준 시 「죽서유작봉시정곡鬻書有作奉示貞谷」을 보면 가난의 깊이를 헤아릴 수 있다.

서갑 아첨 손질하고 뽀얀 먼지 털어낼 제
어린 딸 쓸쓸하게 책상머리에 앉아 있네

먹고 입는 일 그밖에 딴일 없음 차츰 알고
문장이란 사람에게 불리함을 깊이 느껴

늙어 총명 줄어들면 책을 어찌 대하랴
어리석고 무딘 자식 몸 보전은 걱정 없지

단칼로 끊으려다 미련 또한 남아서
작별 임해 어루만지며 다시 잠깐 사랑하네

어느 날 다산은 책을 내다 팔려고 케이스를 손질하고 먼지를 털어냈다. 아첨牙籤은 책을 보관할 때 찾기 쉽도록 두루마리 아래쪽 끝에 서명과 권차를 적어놓은 것인데, 주로 상아로 만들었기 때문에 아첨이라 부른 것이다. 오늘날로 말하면 내다 팔기 위해 붙여놓은 메모지를 일일이 떼어내고 있었다는 말이다. 한창 그러고 있는데 지난해1792 2월에 태어나 20개월이 된 둘째 딸 효순이가 심심한 듯 쓸쓸한듯 책상머리에 앉아 놀고 있었다. '저 어린 것을 잘 먹여야 할텐데' 하는 생각과 함께 다산은 인간사에서 의식의 문제가 가장 큰 것임을 새삼스럽게 느끼고 책을 팔 수밖에 없는 현실을 인정했다. 책에 대한 미련을 단칼로 베어내려고 했지만, 막상 이별의 때가 다가오자 선뜻 보내지 못하고 애장했던 책을 어루만지며 머뭇거렸다.

책상머리에서 아버지가 뭘 하는 지도 모르고 놀던 효순이는 만 2개월 후인 1794년 정월 초하룻날 천연두를 앓다가 요절하였다. 배불리 먹지 못한 아이들은 병마와 싸워 이겨낼 힘 자체가 없었다.

책을 팔 당시에 다산은 성균관 직강直講 벼슬을 하고 있었다. 벼슬살이를 하고 있음에도 불구하고 책을 팔아 생계를 유지해야 할 정도로 살림은 궁핍하였다. 다산은 1793년 10월 1일 책을 팔았는데, 같은 달 27일에 홍문관 교리, 그다음 날 홍문관 부수찬이 되었다. 그리고 29일에는 경기도 암행어사의 명을 받고 적성현, 마전

군, 연천현, 삭녕군과 양주, 파주, 고양을 염찰하고 11월 15일에 복명하였다.

비록 책을 내다 팔 정도로 가난했지만, 정조의 총애를 입어 영광스러운 암행어사로 선발된 것은 무엇보다도 청렴한 관리였기 때문일 것이다.

다산은 벼슬하는 내내 가난의 짐을 벗어던질 수 없었다. 34세 1795 때 쓴 가난을 한탄한 시 「탄빈歎貧」을 보면 처자식은 여전히 굶주림에 시달리고 있었다.

안빈낙도하라는 말씀 배우려 했지만
가난하다보니 편안하지 않누나

한숨 짓는 아내를 보니 기풍 꺾이고
굶주리는 자식을 보니 교육하기 어렵네

꽃과 나무들 도무지 쓸쓸하고
시서는 하나같이 너절할 따름

농가의 울밑에 보리를 보니
차라리 농부 되는 것이 좋지 않을까

사랑하는 사람이 짓는 한숨은 얼마나 무거웠을까. 남편 앞에서는 몸가짐을 조심하기 마련이던 조선시대의 아낙이 짓는 한숨은 또 얼마나 불가피하게 나왔을까. 다산은 그 앞에서 기풍이 꺾였다. 뜰에 핀 꽃들은 한숨 한 번에 죄다 시들었다. 당연히 시심詩心이 일어날 리도 없다. 다산의 눈엔 꽃나무가 아닌 '보리'가 들어왔다.

다산의 문학관은 계속 반복되는 가난의 구체적인 체험 속에서 확고한 형식을 얻었다. 문학에 대한 다산의 입장은 "패관잡기稗官雜記는 다 불태워야 하며, 청淸에서 건너온 야들야들하고 허약한 문체의 글들은 현실 도피에 불과하다"라는 식으로 다소 거칠게 알려져 있다. 같은 평민계급의 삶을 다루었지만 연암燕巖의 문학이 세련되고 자유분방하고 변화에 진취적인 데 반해, 다산의 문학은 현실을 잘 보여주지만 변화에는 보수적이라는 평가도 이런 연장선상에서 나왔다. 하지만 현실 참여적이고, 비판적으로 사태를 관찰하고, 백성들이 살아가는 모습을 구체적인 표현으로 담아내는 다산의 문학은 역사에 대한 '정확한 기록'이 아쉬운 오늘날 조선후기를 세밀하게 담아낸 뛰어난 다큐멘터리다. 경상도 장기 유배지에 있을 때 그 지역 사람들이 며느리를 부르는 '아가兒駕'라는 말이 인상 깊어 시어로 삼는 등 다산의 시는 풍속을 간직한 언어의 보고寶庫이기도 하다.

이 시를 쓴 해에 다산이 34세였고 부인 홍씨는 35세였다. 그리고 큰아들 학연은 13살, 둘째 학유는 10살이었다. 고작 네 식구의 가장이었지만 먹는 것, 그것이 그토록 어려웠다. 하지만 다산이 울적한 심사에 휩싸여 있을 사람은 아니었다. 그는 가난을 강인한 의지로 극복해나갔다.

옷 한 벌로 4개월을 버티다

성균관에서 공부할 때나 벼슬할 때의 가난은 유배살이를 할 때에 더욱 극심해졌다. 유배 온 지 2년째 되던 해에 두 아들에게 보낸 편지 「답이아答二兒」를 보면 집안이 얼마나 가난하였던가를 알 수 있으며, 유배객 다산의 궁핍한 신세에 눈시울을 적시지 않을 수 없다.

> 종 석石이 2월 7일에 돌아갔으니, 오늘쯤에는 집에 도착하였으리라 짐작된다. (…) 내가 입고 있는 옷은 지난해1801 10월 1일에 입은 것이니, 어찌 견딜 수 있겠느냐. 2월 17일

다산은 장기현에서 서울로 압송되기 전인 1801년 10월 1일에 입은 옷을 이 편지를 쓰던 1802년 2월 17일까지 무려 4개월 17일

동안 입고 있었다. 음력 2월 17일이면 양력으로 3월 중순경이다. 따뜻한 남쪽 강진의 3월 중순은 완연한 봄이다. 그러나 다산은 무겁고 칙칙한 겨울옷을 따뜻한 봄이 오기까지 입어야 했으니 문자 그대로 단벌 신사였다.

이 사연의 전후 사정은 이렇다. 다산은 1801년 2월 27일 경상도 장기현으로 유배를 떠나서, 3월 9일 장기현 마산리에 도착하여 노교老校 성선봉成善封의 집에서 유배생활을 시작했다. 이 해 10월에 조선 정부의 천주교 탄압과 참화의 실상을 중국 북경에 있는 천주교 주교에게 전하고자 한 다산의 조카사위 황사영黃嗣永, 다산의 장형 정약현의 사위의 서신, 즉 「황사영백서」가 발견되었다. 그러자 홍희운洪羲運, 홍낙안洪樂安의 개명과 이기경李基慶 등이 온갖 계략을 동원하여 다산이 「황사영백서」 작성의 배후 세력인 만큼 반드시 재소환하여 국문한 후 죽여야 한다고 주장하였다.

그리하여 10월 20일 장기 유배지에서 체포된 후 서울로 압송되어 10월 27일 재수감되었다. 물론 신지도로 유배 갔던 둘째 형 정약전도 서울로 압송되었다. 그러나 다산 형제는 백서 사건과 무관함이 밝혀져 11월 5일 출옥되어 다산은 강진으로, 정약전은 흑산도로 재차 유배를 갔다.

이러한 전후 사정과 가난으로 이 편지를 쓸 당시까지 다산은 4개월 17일 동안 겨울옷 한 벌로 유배생활을 이어가고 있었다. 고향

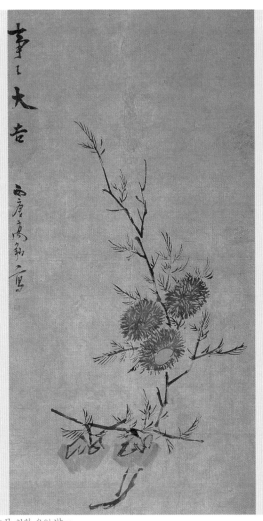

중국의 수묵 회화 속의 밤栗.

밤은 다산多産을 상징하는 열매로 옛 회화에 등장하곤 한다. 다산은 고향에서 아들이 보내온 밤
한줌을 받아들고 감동하고 만다. 바로 먹지 못하고 한참을 바라보며 밤을 보내려 했던 마음씨와
포장할 때의 손놀림까지 상상하고 시를 남겼다.

에서 봄옷이 도착할 때까지 겨울옷을 얼마 동안 더 입었을 것이다.
새 옷이 언제 귀양지 강진에 도착했는지 그 기록은 보이지 않는다.

귀양지로 밤을 보내온 아들

1801년 2월 27일 장기로 유배를 떠날 때 큰아들 학연은 18세였
고 둘째 아들은 15세였으며 딸은 8세였다. 집을 떠나 귀양 온 지
58일, 집에서 온 편지를 받고 기뻐서 쓴 시「별가오십유팔일득가서희기아別
家五十有八日得家書喜寄兒」를 먼저 보자.

내 마음을 두보가 먼저 읊었나보다
편지 보내왔으니 너도 사람이 됐군

세상 밖 강산은 고요한데
천지간에 가까운 사이 모자가 아니더냐

놀란 나머지 병이라도 나겠지만
생활 어려운 것 걱정 말려무나

부지런히 채소밭이나 가꾸면서

청명한 시대의 일민이 되어라

장기 귀양지로 온 지 58일 만에 아들의 편지를 받고 다산은 너무 기뻤다. 그러나 맘 한구석에는 부인에 대한 걱정을 감출 수 없어 하루아침에 집안이 무너진 충격으로 어머니가 병이 나지 않는지 잘 보살펴드려야 한다고 당부했다. 아들에게는 생활 어려운 것 걱정 말고 "부지런히 채소밭이나 가꾸면서 / 청명한 시대의 일민이 되어라"라는 말밖에 할 수 없었다.

장기 유형지에서 아들이 보내온 밤을 받고, 다산은 다음과 같이 「치자기율지稺子'寄栗至」라는 시를 썼다.

도연명 자식보다 나은 편이구나

아비에게 밤 부쳐온 걸 보니

따지면 한 주머니 하찮은 것이지만

천 리 밖 배고픔을 생각해서 보냈네

아비 생각 잊지 않은 그 마음이 예쁘고

밤을 포장할 때 그 손놀림이 아른거리네

밥을 먹으려 하니 되레 마음에 걸려

물끄러미 먼 하늘을 바라보누나

밥을 부친 걸 보고 도연명의 자식보다 낫다고 한 것은, 도연명이
아들 다섯 명을 꾸짖은 시 「책자責子」의 이야기를 가져온 것이다.
도연명은 다섯 아들을 두었다. 큰아들 서舒, 둘째 선宣, 셋째와 넷째
는 쌍둥이로 옹雍과 단端, 그리고 막내인 통通인데 모두 어릴 적 이
름이다. 본명은 엄儼·사俟·빈份·일佚·동佟이다. 도연명이 44세
때408에 지은 아들을 꾸짖은 시 「책자」를 보자.

백발이 양쪽 귀밑머리를 덮었고

피부도 다시는 실하지 않다네

비록 아들이 다섯이 있으나

모두가 글공부를 좋아하지 않네

큰애 서는 이미 열여섯 살이건만

둘도 없는 게으름뱅이고

둘째 선은 곧 열다섯 살이 되건만

학문 배우기를 아예 마다하고

쌍둥이 옹과 단은 열세 살이건만
여섯과 일곱도 분간 못 하고

막내 통은 아홉 살 되었건만
다만 배와 밤만을 찾누나

하늘이 내린 자식 운이 이와 같으니
거듭 술잔을 들이키노라

도연명은 문 앞에 버드나무 다섯 그루를 심어 놓고 스스로 오류
五柳 선생이라 불렀던 중국 동진東晉의 시인이다. 29세에 벼슬길에
올랐지만 얼마 안가 사임했고 항상 전원생활에 대한 사모의 정을
달래지 못한 그는 41세 때 누이의 죽음을 구실삼아 현령을 사임한
후 유명한 「귀거래사歸去來辭」를 썼다. 도연명에게 가장 큰 고민은
자식들이었던 것 같다. 다섯이나 되었는데 하나같이 답이 안 나왔
다. 큰 아들은 처자식 딸린 몸에 놀고 있고, 뜻을 세울 15세의 나이
에 둘째는 학문을 외면한다. 셋째와 넷째는 그야말로 둔재鈍才들이
고, 막내는 주전부리 할 것만 찾고 있다. 술은 망우지물忘憂之物이라

고 자식들 때문에 도연명의 주량은 더욱 늘었을 것이다.

도연명의 아들은 밤을 달라고 하였는데, 다산의 아들은 귀양지로 밤을 보내왔으니 도연명의 아들보다 훨씬 낫다고 자위한 것이다. 밤 한 주머니는 한 끼 식량도 되지 않는 하찮은 것이다. 그러나 천 리 밖 유배살이 하는 아버지의 배고픔을 헤아려 보낸 것이라 생각하니 아들의 마음이 어여쁘고 밤을 포장할 때의 손놀림이 눈앞에서 사라지지 않는다. 막상 밤을 먹으려 하니 오히려 심상한 마음이 들어 물끄러미 먼 하늘을 바라보며 부자가 떨어져 사는 서글픔과 궁핍한 현실이 미워 저절로 한숨을 내뱉었다.

천 리 머나먼 곳에서 귀양살이하는 아버지에게 밤밖에 보낼 수 없는 아들의 마음은 또 오죽했을까. 다만 경기도 양주楊洲에서 나는 밤은 밤알이 단단해 오래 저장해도 썩지 않고 껍질이 얇고 맛이 고소하기로 유명한데 다산의 고향도 이곳에서 멀지 않으니 아마 최상품의 밤이었을 것이다. 밤나무는 주로 산기슭에서 자라는 것이기에 다산이 귀양 간 해안가에서는 맛보기 힘든 과일이기도 하다.

굶주려서 투호를 판 홍씨 부인

1801년 11월에 강진으로 유배 온 다산은 동지섣달이 가고 새해

를 맞이한다. 햇수로 2년차가 되던 1802년임술 새해 들어 고향에서
온 편지를 받았다. 어린 종이 가지고 온 집안 소식을 초가 주막 등
잔불 아래서 읽고 긴 한숨을 내쉬었다. 부인 홍씨가 가족의 굶주림
을 면하게 하려고 부득이 쇠로 만든 투호를 팔았다고 적은 부분을
읽은 것이다. 다산은 편지를 다 읽고 답장을 쓰기 전에 먼저 시부
터 썼다. 「신년득가서新年得家書」임술춘재강진壬戌春在康津를 보자.

해가 가고 봄이 오는 걸 잘 알지 못했는데
새소리가 날로 변해 웬일인가 의아했네

비가 오면 집 생각이 다래덩굴같이 뻗고
겨울을 난 야윈 몰골 대나무 가지 같네

세상 꼴 보기 싫어 방문은 늦게 열고
오는 손님 없을 줄 알아 이불도 늦게 개지

무료함을 배우는 법 자식들이 알았는지
의서에 맞춰 빚은 술 한 단지 부쳐왔노라

천릿길을 어린 종이 가지고 온 편지 받고

초가 주막 등잔 아래 홀로 긴 한숨 짓누나

어린 아들 학포는 아비를 탓하고
병든 아내 날 사랑해 옷을 지어 보냈네

내 즐기는 것 알고 멀리 붉은 찹쌀 보내오고
굶주린 사람 구하려 철루호를 새로 팔았다네

답장을 바로 쓰려 하니 달리 할 말이 없어
뽕나무나 수백 그루 심으라고 했다네

세월이 가는 것을 잘 알지 못한다고 한 것은 반어적 표현이다.
모든 것이 열악한 유형지에서 삶을 하루하루 꾸려나가기란 여간
힘든 일이 아니었다. 외롭고 쓸쓸한 귀양지에 비가 추적추적 내리
면 고향 생각이 다래덩굴같이 뻗쳤다. 이 나무 저 나무를 감고 올
라가는 다래덩굴처럼 다산의 집 생각도 이 생각 저 생각 많았을 것
이다. 세찬 바닷바람이 코끝을 아리게 하던 그 매서운 겨울을 보내
고 나니 "야윈 몰골이 대나무 가지"같이 바싹 말랐다. 사람이 삼시
세끼를 챙겨 먹으면 아무리 보리밥에 푸성귀라도 마르지는 않는
다. 헌데 다산은 대나무 줄기도 아니고 곁가지처럼 말랐다고 했다.

이것은 하루 한 끼를 제대로 챙겨먹지도 못했다는 말이다. 보리 익는 5월까지 밥 굶는 것이야 조선 민초들의 당연한 일상처럼 이어지는 것인데, 주막에 얹혀 살아 백성들보다 못한 유배객의 처지에 밥상에 올라올 것이라도 있었을까 싶다. 손님이 와도 대접할 음식이 없는데 그 누가 찾아오겠는가. 미안해서라도 못 올 것이다. 세상 꼴 보기 싫어 방문조차 느지막이 열고 이불도 개지 않았다고 한 것은, 몸에 힘이 없어 덜 움직이고 허기가 져 깨어있는 시간을 줄인 처참한 생활의 점잖은 표현일 뿐이다.

고향의 자식들은 눈물겹게도 야윈 아버지를 위해 의학 서적을 보고 약술을 빚어 한 단지 보내왔다. 어린 둘째 학유^{學圃}는 해가 바뀌어 14살이 되었는데 귀양 간 아버지를 그리다가 투정을 부리며 탓한다는 편지를 읽고 가슴이 쓰렸다.

고향의 부인은 혼자 어린 2남 1녀를 키우며 살림을 도맡아 해야 했다. 집안이 궁핍하다보니 귀양 간 남편 뒷바라지도 제대로 할 수 없었다. 홀로 떨어진 남편을 4개월 17일 이상 단벌옷으로 지내게 할 수밖에 없었던 가난한 현실 앞에 괴로워하였다. 그리하여 아내는 부득이 굶주린 사람을 구하려고 집안에 전해오는 철투호를 팔았다. 남편의 뒷바라지 비용을 마련하기 위해 내다 판 것으로 추측된다. 어린 종이 가지고 온 이런 소식들을 읽은 다산의 심정이 어떠했겠는가. 답장을 쓰려고 하니 고향이나 유배지나 모두가 궁핍한 현실에 할 말을 잃고 뽕나무나 수백 그루 심으라고 썼다.

이 시에는 고향에서 온 어린 종이 머나먼 길에 가지고 온 물품이 등장한다. 편지와 약술 한 단지와 옷과 붉은 찹쌀로 모두 네 가지이다. 가난함 속에서도 두 아들과 부인의 가족애가 옷처럼 따뜻하고 찹쌀처럼 붉다. 다산은 부인이 새로 지어 보내준 옷으로 4개월 17일 넘게 입어왔던 옷을 벗을 수 있었다.

우리는 이 시의 "초가 주막 등잔 아래 홀로 긴 한숨 짓누나短檠茅店獨長吁"를 주목할 필요가 있다. 당시 유배지 강진의 인심과도 무관하지 않기 때문인데, 그 인심을 살펴보자. 다산은 강진에 처음 도착했을 때1801년 11월 자신을 대하는 주민들의 인심을 「상례사전서喪禮四箋序」에서 다음과 같이 기록하였다.

가경 신유년1801 겨울에 내가 영남에서 체포되어 서울로 올라왔다가 또다시 강진으로 귀양 가게 되었다. 강진은 옛날 백제의 남쪽 변방으로 지역이 낮고 풍속이 고루하였다. 이때에 그곳 백성들은 유배된 사람 보기를 마치 큰 해독害毒처럼 여겨서 가는 곳마다 모두 문을 부수고 담장을 허물어뜨리면서 달아나버렸다. 그런데 한 노파가 나를 불쌍히 여겨 자기 집에 머물게 해주었다. 이윽고 나는 창문을 닫아걸고 밤낮 혼자 오뚝이 앉아 있노라니 함께 이야기할 사람이 없었다.

유배객을 대하는 인심의 명암明暗이 나타나 있다. "문을 부수고 담장을 허물어뜨리면서 달아나는" 각박한 인심은 암暗이지만 19세기 초엽의 강진뿐만 아니라 어느 시대 어느 사회이건 간에 시공을 초월하여 이런 이들은 존재하기 마련이다. 반면 주막집의 "노파가 나를 불쌍히 여겨 자기 집에 머물게 해준 것"은 명明이다. 전자의 야속한 인심으로 인하여 다산은 어려움을 겪었다.

이런 인심을 보여준 것은 지역 주민들뿐만 아니라 강진현감 이안묵李安默의 경우도 마찬가지였다. 다산이 강진에 유배된 다음 해인 1802년 여름에 이안묵이 하찮은 일로 다산을 무고誣告하였으나, 사실이 아니었던 까닭에 바로 중지된 것만 보아도 알 수 있다.「자찬묘지명自撰墓誌銘」 다산이 "하찮은 일"이라 표현한 무고의 이유는 "임금을 원망하는 말을 했다"는 것이었다. 없는 말을 지어냈으니 거짓 증인을 세우지 않는 한 증거가 나올 리 없었다. 이렇듯 다산은 위로는 현감에서 아래로는 무지렁이 백성들까지 감시의 눈을 사방에 세워두고 골방에 박혀 밖에 나오지 못한 채 유배 초기의 고통을 감내해야 했다. 이곳에서 보낸 시간이 4년이었다.

다산은 이런 자신의 경험을 1818년 봄 유배지 다산초당에서 저술한 『목민심서』의 「낙시樂施」에 녹여내기도 했다.

귀양살이하는 사람의 객지 살림이 곤궁하면 불쌍히 생각해서 돌보아주는 것 또한 어진 사람의 힘쓸 일이다.

오늘날의 시각에서 볼 때 다산 같은 훌륭한 학자를 야박하게 대한 이런 인심은 문제가 많은 듯 여겨지지만, 봉건왕조 시대에 유배 죄인을 어느 누가 후하게 대하였겠는가를 반추해보면 강진 인심은 당연한 것이라고도 할 수 있다. 오늘날도 그리 나아지진 않았지만, 먹고사는 일에 바쁜 백성들은 중앙에서 하는 일이라면 무조건 따라야 한다고 생각한다. 게다가 다산이 뒤집어쓴 서학西學이라는 누명은 그 지역 사람들에게는 사람 홀려 죽이는 마귀쯤으로 여겨졌을 것이다.

마늘 팔아 아버지 면회 온 큰아들

다산은 벼슬살이할 때에도 책을 팔아 입에 풀칠할 정도로 살림이 궁핍했는데 하물며 귀양살이할 때는 더 말할 나위가 없었다. 귀양살이의 곤고困苦함도 곤고함이려니와 고향에 있는 처자식의 삶도 곤고하고 궁핍하였다.

1801년 정월에 노론 벽파를 중심으로 한 무리들이 남인 시색時色 일파의 천주교 신봉을 구실 삼아 위정척사의 명목으로 이른바 신유사옥을 일으켰다. 소위 책롱사건冊籠事件이 신유사옥으로 비화되어 2월에 셋째 형 정약종은 참수되고, 둘째 형 정약전은 신지도로, 다산은 죽음을 면하고 경상도 장기로 유배되었다. 당시 국문에서는 천주교를 배교하였음이 밝혀졌으나, 젊은 시절에 일시 믿은 것이 죄가 되어 유배에 처해졌다.

같은 해 10월 황사영 백서사건이 나자 장기에서 서울로 압송되어 조사를 받았다. 백서사건과 무관함이 밝혀졌으나 다산은 전라도 강진으로 유배되어 장장 18년간을 조롱 속에 갇힌 새가 되었다.

다산은 강진 읍내 동문 밖의 주막현 강진농고 자리로 추정에서 유배생활을 시작하였다. 그후 보은산방으로, 다음에 이학래李鶴來의 집으로 전전하다가 1808년무진 봄 만덕사萬德寺 서쪽 처사 윤단尹慱의 산정山亭이 있는 다산茶山(산 이름, 강진군 도암면 귤동 뒷산)의 초당으로 옮기고 산 이름을 취하여 호를 다산이라 하였다.

다산이 강진으로 유배된 지 5년이 지난 1805년 겨울에야 큰아들 학연이 아버지를 찾아갔을 정도로 집안의 경제 사정이 어려웠다는 것은 앞서 말한 바와 같다. 아들이 찾아온 기쁨도 잠시, 자식의 숙식을 해결할 길이 없었다. 이에 다산은 아들을 강진읍 우이산 우두봉 아래에 있는 보은산방일명 고성사高聲寺에 데리고 가서 스님에게 숙식을 구걸한다.

이때 쓴 시「학가래 휴지보은산방유작學稼來携至寶恩山房有作」에는

가난한 유배객 아버지와 그 아들의 궁핍한 모습이 핍진하게 그려
져 있다. 오언고시 72구에 360자인 장시로 5단락으로 구성되었다.
단락별로 살펴보자.

　　① 손님이 와 내 문을 두드리는데
자세히 보니 바로 내 아들이었네

수염이 더부룩이 자랐는데
미목을 보니 그래도 알 만하였네

너를 그리워한 지 사오 년에
꿈에 보면 언제나 아름다웠네

장부가 갑자기 앞에서 절을 하니
어색하고 정도 가지 않아

안부 형편은 감히 묻지도 못하고
우물쭈물 시간을 끌었다네

입은 옷이 황토 범벅인데

초의선사, 「다산초당도」, 『백운첩』 중, 한지에 채색, 27×19.5cm.

해남 일지암의 초의선사가 다산과 함께 1812년 가을 월출산 구경을 하고 오다가 그렸다는 '다산초당도' 이다. 그림에서 보듯 복원된 지금과는 달리 다산이 살던 때는 초가집이었다. 연못도 둘이나 있고 기암괴석과 나무그늘 드리운 모습이 다산의 고아한 취향을 엿보게 한다. 초의의 이 그림은 실경산수로 표현하면서 고아한 문인화의 분위기를 잘 그렸다는 평을 받는다.

허리뼈라도 다치지나 않았는지

종을 불러 말 모양을 보았더니
새끼당나귀에 갈기가 나 있었는데

내가 성내 꾸짖을까봐서
좋은 말이라 탈 만하다고 하네

말은 안 해도 속이 얼마나 쓰리던지
너무 언짢고 맥이 확 풀렸다네

　이 단락에서 묘사하는 부분은 앞서 언급했으니 건너뛰기로 하
자. 그토록 보고 싶었던 장남이 왔는데 타고 온 말을 살펴보니 새
끼당나귀였다. 이에 아버지는 "말은 안 해도 속이 얼마나 쓰리던지
/ 너무 언짢고 맥이 확 풀렸다"고 한 것이다. 이어서 ②단을 보자.

　② 억지로 웃으며 말을 또 꺼내
차츰차츰 농사에 대해 물었더니

밤나무는 해마다 증가하고

옻나무도 날이 갈수록 번성하며

배추와 겨자도 몇 이랑 심었는데
마늘은 맞을지 어떨지를 몰라

금년에야 마늘을 심었더니
마늘 크기가 배만큼씩 해서

산골 시장에 마늘을 내다 팔아
그것으로 오는 노자를 하였다네

처절하고 또 처절하여
그만두고 다른 말을 꺼내기로 했네

아버지와 아들이 5년 만에 상봉했다는 그 자체가 이미 비극이다. 억지로 웃으며 고향 집의 농사 소식을 물었다. 앞에서 양주밤 얘기도 나왔지만 밤나무와 옻나무는 다산의 고향에서 원래 농사가 잘 되는 과수들이다. 농사 초보자 학연은 어머니, 동생과 밤을 수확하고 옻액을 받다가 최근에는 배추와 겨자도 몇 이랑 심었다고 아버지에게 말하고 있다. 그런데 학연이 정작 하고 싶었던 말은

'마늘농사' 이야기였다. "마늘이 배만큼씩 했다"는 건 물론 과장이 겠지만 까기 전의 통마늘이 잘 익으면 배만큼씩 못될 이유도 없다. 하지만 마늘 팔아 왔다는 아들의 이야기를 듣던 다산은 그만 처절한 기분이 들어버렸다. 마늘로 노자를 삼았다면 나머지 수확물은 식구들 먹고사는 데도 빠듯하다는 이야기이기 때문이다. "배만 한 마늘"이란 말이 가난의 크기인 듯하여 이 말을 들은 아버지는 농사 이야기는 그만하게 하고 화제를 돌렸다. ③단을 보자.

③ 지난 시절 낭패당하던 초기에
책들이 남은 게 없이 다 없어져

왕의 친필도 더러 잃어버렸는데
그 나머지야 찾아 뭣 할 것인가

세상에 빛나는 그 십삼경十三經은
종족들이 희귀한 보물이라 했고

죄 없는 대경도代耕圖라든지
잘못 없는 항성의恒星儀까지도

밤중에 모두 불타 없어져

이웃 사이에 무단한 의심만 더 샀지

빛나고 빛나는 한서선漢書選은

그 위기를 요행히 면했는데

통곡하고 통곡하니 뼛속이 시고 아파

님의 속뜻 거기에 있었는데

박바지 바다까지 떠내려와서

아무리 생각해도 영영 기약이 없네

　　위의 ③단은 신유사옥으로 타의에 의해서 죄인이 된 후 집안에 소장하던 귀중한 물건들이 소실되거나 유실된 데 대한 소식이다. 다산이 선대로부터 물려 받았거나 고르고 골라 선본善本으로만 갖춰 사람들의 부러움을 받았던 『논어』 『맹자』 등은 말할 것도 없고 정조가 친히 다산에게 보낸 어필御筆, 즉 임금의 친필 글씨도 잃어버렸는데 그 나머지야 찾은들 무엇 하겠느냐고 탄식했다.

　　다산은 11년 동안 벼슬살이할 때에 정조로부터 여러 가지 물건을 하사받았다. 그중 서적으로는 『국조보감國朝寶鑑』 『병학통兵學通』

『주서백선朱書百選』『사기영선史記英選』『한서선漢書選』『팔자백선八子百選』『춘추좌씨전』 등이 있다.

다산은 『한서선』이 소실을 면한 것을 다행으로 여겼다. 정조와 다산은 풍운지회風雲之會였다. 시에서 "빛나고 빛나는 한서선은 / 그 위기를 요행히 면했는데"라고 한 것은 정조와 다산의 애틋한 사연이 있기 때문이다. 정조는 1800년 6월 12일 밤 다산에게 신간한 『한서선』 열 권을 보내고 각 권에 제목을 써서 다섯 권은 도로 대궐로 들여보내고 나머지 다섯 권은 집에다 두어 전가傳家의 물건으로 삼도록 하라고 하였다. 이는 다산이 작년1799에 탄핵을 당하여 벼슬을 사직7월 26일한 후 1년이 지났지만 기억하고 은혜를 베푼 것이다. 또한 왕이 각별히 아꼈던 신하의 안부를 묻기 위한 방안이기도 했다. 그런데 그다음 날부터 정조는 병환이 나서 16일 후인 6월 28일에 갑자기 승하하고 말았다. 결국 『한서선』 열 권이 바로 정조와 다산 사이에 영원한 이별을 알리는 선물이 되고 만 셈이었다. 다산은 책을 껴안고 흐느껴 울면서 그날을 떠올리는 시를 지었는데, 「육월십이일몽사한서공술은념六月十二日蒙賜漢書恭述恩念」이 바로 그것이다.

아끼던 장서들을 잃은 슬픔에 빠져있을 사이도 없이 다산은 해결해야 할 난관에 부딪혔다. 귀양살이하는 아버지 다산은 아들에게 내려오라는 편지를 보내긴 했지만, 막상 머나먼 길을 찾아온 아들의 숙식을 해결할 능력이 없었던 것이다. 이런 참담함을 그린 것이 다음 ④단이다.

④ 날씨 춥고 거센 바람 많아
대나무 소리마저 구슬픈데

귀양객에게 식구 하나 보태졌으니
내 지혜로는 굶주림 구할 수 없어

손을 잡고 산으로 올라왔으나
너와 나 갈 곳이 어드메뇨

엉클어진 산들을 보고
넓고 넓은 천지라도 가보련만

기구하게 절간에 찾아들어
구걸하는 안색이 비굴하네

다행히 반 칸짜리 방을 빌려
세 때 종소리를 아들과 함께 듣노라

응달쪽엔 싸라기눈 깔려 있고
낮은 가지엔 단풍든 잎 붙었으며

샘물이 장대 울리며 흘러내려
세수와 세탁을 마음대로 할 수 있네

동백이 꽃을 또 일찍 피워
나에게 시 지을 소재 제공하누나

잡서들은 모두가 그게 그거고
주역만은 손을 놓지 않는다네

　　아들이 찾아온 기쁨보다 숙식을 해결해줄 수 없는 아버지의 아픔이 주조를 이룬다. 매서운 바람이 부는 겨울에 다산 부자는 손을 잡고 산으로 올라갔으나 갈 곳이 없었다. 하는 수 없이 보은산방에 가서 숙식을 구걸하는 안색이 비굴하다고 했지만, 유학자로서 불가의 한 귀퉁이에 자리를 내달라고 요청한 것에는 비굴한 것 그 이상의 아픔이 내재해 있다. 다행히 스님들의 따뜻한 배려 덕분에 다산과 아들은 함께 『주역』을 공부하며 한겨울을 보낼 수 있었다. 보은산방 주변에는 샘물이 장대를 울리며 흘러내려 세수와 세탁을 마음대로 할 수 있어서 좋았으나 손이 떨어져나갈 정도로 차가운 물이었을 것이다. 하루는 아들이 아버지 의복을 빨았겠고 다른 하루는 아버지가 아들이 벗어놓은 옷을 세탁했을까? 엎드려 옷을 헹구다 고개를 들면 겨울 눈이 얼어붙은 가지 위에 빨간 동백이 얼굴을 내밀었다. 마지막 ⑤단을 보자.

⑤ 인생은 약한 풀과 같은데
하물며 너무 늙고 쇠약하누나

풀 위의 이슬은 아침 해 뜨면 마르나니
이 뜻을 누가 있어 알 것인가

내 지금 너에게 책을 주어 읽게 하니
돌아가 네 아우의 스승이 되라

이 단에는 아버지 다산의 꿈이 담겨 있다. 인생은 풀잎 위에 맺힌 이슬과 같이 짧은데 다산은 늙고 쇠약했다. 그러나 좌절하지 않았다. 보은산방에서 더부살이 하면서 아들에게 『주역』과 『예기』를 가르쳤다. 당시 아들과 문답한 것이 52개 항목으로 정리된 「승암문답僧庵問答」으로 남겨졌다. 가난과 역경 속에서도 다산은 자식교육에 심혈을 기울이며 희망을 놓지 않았다. 다산은 이 소책자를 큰 아들 편에 고향으로 들려보내면서 당부했다. 집에 가거든 반드시 복습하고 익혀 네 아우도 가르쳐주라고 말이다. "돌아가 네 아우의 스승이 되라"고 한 그의 애틋한 말에서 아들과 같이 잘 방 한 칸 없었던 아버지 다산이, 얼마나 힘든 것을 강인하게 성취해가고 있었던가를 엿볼 수 있다.

수염이 덥수룩한 둘째 아들

둘째 학유는 1808년 4월 20일 8년 만에 처음으로 아버지를 찾아갔다. 그토록 오랜 시간 보고 싶던 아들을 못 보고 기다리던 아버지의 기쁨이 어떠했는가는 「사월이십일일학포지 상별이팔주의四月二十日學圃至相別已八周矣」를 보면 알 수 있다.

모습은 내 아들이 분명한데
수염이 나서 다른 사람과 같구나

집 소식 비록 가지고 왔으나
오히려 믿지 못하겠네

다산이 유배되던 1801년 당시 15세였던 학유는 수염이 덥수룩한 청년22세이 되었다. 그리고 아들 학유가 고향으로 돌아갈 때 노자 삼아 준 훈계의 글 「신학유가계贐學游家誡」에는 가난을 극복하는 길을 제시하였는데 상하노소를 불문하고 모두 일해야 한다는 '개노주의皆勞主義' 철학을 펼친 부분은 앞서 이미 소개했고, 여기서는 근면 성실을 강조한 부분을 보자.

인가의 둘째 아들 중에는 살림을 나가지 않았을 때에 과수원이나 채소밭의 일을 보살피려 하지 않는 자가 있는데, 그들의 마음은 제 살림을 나서 제 소유의 토지를 얻으면 성의껏 경영하겠다고 생각하고 있을 것이다. 그러나 이것은 본래 사람의 성벽에서 나오는 것으로, 자기 형의 과원을 보살피지 못하는 사람은 제 과원도 보살피지 못한다는 것을 몰라서 그러는 것이다. 너는 내가 다산茶山에다가 연못을 파고 대를 쌓고 전포田圃의 일에 힘과 마음을 다하던 것을 보았을 것이다. 그러나 그것이 앞으로 내 것으로 만들어 자손들에게 전해주려는 뜻에서 그러한 것이겠느냐? 참으로 성벽에 좋아하는 것이라면 내 땅 네 땅의 구분이 없는 것이다.

학유가 둘째 아들이기 때문에 한 말이다. 분가分家하기 전 형의 과수원이나 채소밭의 일을 소홀히 하는 동생은 나중에 분가한 후에도 제 과수원을 제대로 가꾸지 못한다고 하여 시간과 공간을 넘어 항상 성실할 것을 당부했다. 아버지가 다산초당 주위에 계단밭을 만들어 남새를 가꾸는 것은 성벽이 농사를 좋아하기 때문이지, 이것이 내 땅이기 때문은 아니라고 말했다. 아버지의 교훈은 계속된다.

요컨대 알아야 할 것은 아침에 햇빛을 먼저 받는 곳은 저녁 때 그늘이 빨리 들고, 일찍 피는 꽃은 그 시듦도 빠르다는 것이다. 운명은 돌고 돌아 한 시각도 멈추지 않는 것이니 이 세상에 뜻이 있는 사람은 한때의 재해 때문에 마침내 청운의 뜻까지 꺾어서는 안 된다. 사나이의 가슴은 가을 매가 하늘로 치솟는 기상을 지니고서 건곤이 눈 안에 들고 우주가 손바닥 안에 있듯이 생각하고 있어야 옳다.

과연 다산은 8년 만에 찾아온 작은아들에게서 무엇을 보았던 것일까. 마음 고생 끝에 짙게 드리운 그늘일까, 아버지 앞에서 조심스럽게 말을 아끼던 모습이었을까. 다산의 두 아들은 확실히 세상에 주눅이 들었고 내성적이었다. 오늘날이라면 신경안정제라도 복용해야 할 판이었으니 말이다. 이런 가라앉은 모습에서 아버지는 시詩로 삶을 위로하며 안으로 침잠하는 은둔의 기질을 읽어냈는지 모른다. 고민을 털어놓지 않는 작은 녀석을 앞에 두고 다산은 섭섭한 마음이 많았을 것이다. 어쩌겠는가. 자식은 부모 마음대로 되지

않는다는 것 또한 해가 동에서 서로 움직이는 것처럼 자연의 섭리
인 것을. 다산은 다소 의례적인 북돋움을 해주되, 힘 있게 자신의
온 마음을 담아 아들에게 전했다.

꿈에서 미인의 유혹을 물리침

다산은 일생 동안 가난한 삶을 살면서도 도덕적 완전주의자Moral
perfectionist를 지향하였다. 그가 태학에서 공부할 적인 23세1784 때
장마로 인해 열흘 만에 집에 돌아와서 쓴 시 「남과탄南瓜歎」에서 보
여준 일화는 이미 소개한 바 있다.

그 외에 다산의 윤리의식을 잘 보여주는 또다른 시가 「억여행憶
汝行」이다. 30세 때인 1791년 4월에 3남 구장이 세 살의 나이로 요
절하자, 자신 때문에 아들을 잃는 재앙을 받은 것이라며 참회하는
시를 지었다. 셋째 아들 구장이 병마와 싸우는 줄 모르고 진주 남
강에서 기생들과 질탕하게 놀았기 때문에 하늘이 노하여 아들이
죽는 벌을 내렸다고 요약할 수 있다. 죽은 원인은 병마였지만, 다
산은 못내 자신에게 그 책임이 있음을 통감했다. 아들의 마지막 가
는 길을 지키지 못한 한이 자책감으로 변한 데서 아버지의 양심과
진한 사랑을 엿볼 수 있다.

다산은 49세 때인 1810년 동짓달 초엿새 날 귀양지 다산초당에서 자고 있었는데, 꿈에 한 미인이 나타나 자신을 유혹하자 처음에는 마음의 동요가 있었다. 그러나 이내 평심을 회복하여 그녀에게 시 한 수를 지어주고 고이 돌려보냈다. 꿈에서 깬 후 미녀에게 써 준 시를 시집에 적어놓았는데 다음과 같다.

11월 6일 다산 동암 청재에서 홀로 잠을 자는데 꿈에 한 미녀가 나타나 나를 유혹하였다. 나 또한 감정이 동하였으나 잠시 후 사양하고 보내면서 절구를 지어 그녀에게 주었다. 꿈에서 깨어나 그 시를 적으니 다음과 같다.

눈 덮인 산속 깊은 곳에 한 송이 꽃
붉은 비단과 복숭아꽃처럼 아름다워라

이 마음 이미 금강석과 쇠가 되었는데
비록 풍로가 있다 한들 그대가 어찌 녹이리오

이 시를 보면, 시적 동기는 로맨틱하나 결국 도덕성으로 귀일歸一하고 만다. 꿈속에서까지 미인의 유혹을 뿌리친 것은 평상시의 내면세계가 극기와 결백성으로 항상 무장되어 있었기 때문이었다. 험난한 세파와 유배생활에 지쳤기 때문도 아니요 늙음48세 때문만도 아니다. 다산 안에 뿌리박힌 도덕적 완전주의에 대한 지향이 너무 강했기 때문이다.

다산의 도덕적 완전주의는 그의 독특한 윤리관에서 비롯되는 측면이 크다. 앞에서 소개한 『주역』에 대한 다산의 새로운 해석을 다시 한번 강조하면, 다산은 성리학의 관념적인 천天을 비판하며 인격적 존재로서 상제上帝를 제기했다. 이것이 다산 철학의 또 하나의 출발점인데, 우주 만물의 근거로서 비인격적인 이理와 기氣 대신에 인격적인 천天, 즉 상제를 세우는 일이었다.

다산은 『춘추고징春秋考徵』에서 "상제란 무엇인가? 이는 천지신인天地神人의 밖에서 그것들을 조화하고 재제안양宰制安養하는 존재다. 상제를 하늘이라 이르는 것은 마치 국왕을 '나라'라고 하는 것과 같다. 하늘을 가리켜 상제라 하는 것은 아니다"라고 했으며, 『중용자잠中庸自箴』에서는 "군자가 어두운 방 가운데 있을 때도 두려워하여 감히 악을 행하지 못하는 것은 상제가 내려다보고 있음을 알기 때문이다"라고 하며 그의 수양론이 의미하는 바를 명확히 드러냈다. 누가 옆에 있든 없든 간에 항상 초월적 존재를 의식하고 스스로 일관된 견결함으로 살아나가는 것이 다산의 윤리학이었다.

이처럼 다산의 삶과 그의 시세계는 자기완성으로 연결되는 일원적一元的 연속에 있었다. 그 불가능성의 가능성 때문에 우리는 놀라고 감동하는 것이다.

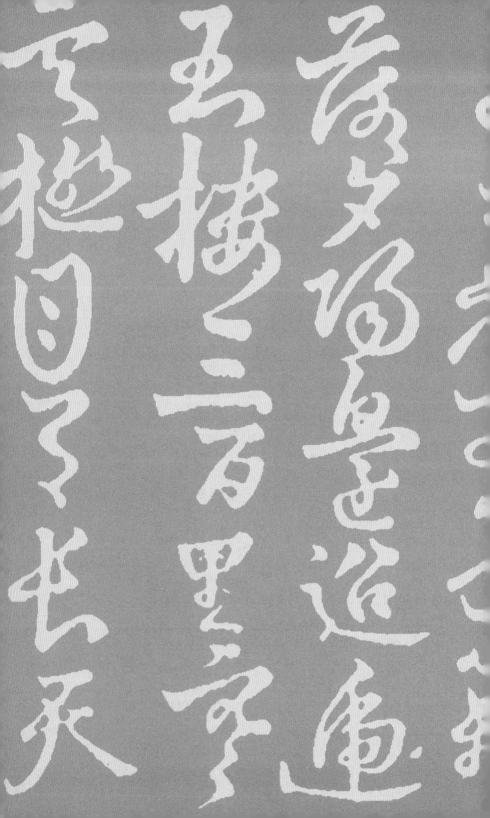

九峯密林

❦ 열다섯에 결혼하여 6남 3녀를 두다

다산 정약용은 조선후기 실학을 집대성한 위대한 학자이기 이전에 아들 6명과 딸 3명을 낳아 모두 9명을 낳은 다산多産한 아버지이기도 하다. 아홉 명 중에서 성장한 자녀가 2남 1녀로 3명이고 요절한 자녀가 4남 2녀로 6명이나 된다. 다산의 표현대로 "3분의 2가 요절"하는 참척을 당하여 여섯 명의 어린 자식을 땅에 묻어야 했던 비운의 아버지이기도 하다.

아홉 명의 자식을 낳은 것은 오늘날의 시각으로 보면 다산한 것이다. 그러나 옛날 어른들, 즉 우리의 고조부 증조부 세대들은 다산처럼 보통 8, 9명이나 그 이상을 낳기도 하였다.

다산은 아버지 정재원丁載遠, 1730~1792, 진주목사과 어머니 해남 윤씨의 넷째 아들로 경기도 광주군 초부면 마현리에서 1762년영조 38 6월 16일양력 8월 5일에 태어났다. 다산의 큰형 약현若鉉은 의령 남씨

宜寧南氏가 낳았고, 흑산도로 귀양 가서 그곳에서 운명한 둘째 형 약전若銓과 신유사옥 때 순교한 셋째 형 약종若鍾, 막내인 다산은 고산 윤선도의 6세 손녀이자 윤두서尹斗緒의 손녀인 해남 윤씨가 낳았다.

다산은 나이 15세인 1776년영조 52 봄 복사꽃 망울이 활짝 필 발돋움을 하는 호시절인 2월 22일음력, 이하 같음에 홍화보洪和輔의 딸 풍산 홍씨1761~1838와 결혼했다. 홍씨 부인은 다산보다 한 살 위였다. 요즈음 우리 주위에서 흔히 볼 수 있는 "연상의 여인"과 결혼한 것이다. 조혼 풍속이 있던 당시 신부는 신랑보다 나이가 많은 것이 일반적이었다.

아홉 명의 자녀를 낳아서 여섯 명을 잃었던 다산은 결혼 만 60주년 기념일, 즉 회혼일回婚日인 1836년헌종 2 봄 결혼 당시처럼 복사꽃 망울이 피어나려던 2월 22일양력 4월 7일에 75세로 고단한 육신을 이 땅에 내려놓고 이승을 떠났다. 회갑을 맞아 직접 작성한 「유명첩遺命帖」에 따라 4월 1일 생가인 여유당의 뒷동산에 안장되었다. 다산은 1910년순종 4 7월 18일 정헌대부규장각제학正憲大夫奎章閣提學에 추증되고 문도文度의 시호가 내려졌다.

열여섯 살에 다산과 결혼한 부인 홍씨는 다산이 운명한 지 2년 후인 1838년 6월 28일 78세의 나이로 별세하였다. 부인은 다산 곁에 묻혀 다시는 이별하지 않고 영원히 함께 지내게 되었다.

다음 시는 다산이 운명하기 3일 전에 쓴 최후의 유작시인 「회근

시「回巹詩」이다. 생의 마지막 길 위에 오른 다산이 홍씨 부인과 60년을 함께한 결혼생활을 회상하고 있다.

> 육십 년 세월 잠깐 사이 흘러가
> 복숭아나무 봄빛 신혼 때와 같누나
>
> 생이별이나 사별은 모두 늙음을 재촉케 하나니
> 슬픔은 짧고 기쁨은 길었으니 성은에 감사하네
>
> 이 밤 목란사 소리 더욱 다정하고
> 지난 유배 시절 님의 치마폭에 쓴 먹 흔적 남아 있네
>
> 헤어졌다 다시 만난 우리 부부가
> 한 쌍의 표주박을 자손에게 남겨주노라

이 시에서 "지난 유배 시절 님의 치마폭에 쓴 먹 흔적 남아 있네"의 이면에는 다산 부부의 슬프고 눈물겨운 사랑 이야기가 숨겨져 있다. 부인 홍씨는 시집올 때 입고 온 분홍색 치마가 세월이 흘러 빛이 바래자, 이를 강진에서 귀양살이하는 남편에게 보내 새로 저술한 책의 표지 장정에 사용토록 하였다. 다산은 부인의 은근한

사랑의 표시인 헌 치마를 받아 장정을 하는 데 쓰고, 남은 것으로는 두 아들에게 경계의 글을 적어 보냈으며, 딸 윤창모에게 출가에게는 「매조도梅鳥圖」를 그려주었다.

헌 치마 하나가 지아비의 저서를 감싸는 표지로 사용되고, 다시 사랑의 결실인 자녀에게로 이를 확산시킨 부부애의 산물이 되었다. 그 글씨와 그림을 결혼 60주년일인 회혼일을 사흘 앞두고 다시 꺼내 살펴보면서 파란 많았던 지난 세월을 회상한 것이다.

부인의 치마는 우선 「하피첩霞帔帖」이라는 가족을 위한 상징물로 다시 태어났다. 하피는 조선시대 왕실 비빈妃嬪들이 입던 옷인데 다산은 부인이 보낸 치마가 원래는 붉은색이었는데 이제는 색이 바랬기 때문에 노을 하霞를 써서 하피라 이름 붙였다. 새색시의 붉은 빛도 아름답지만 옅어진 노을빛 또한 아름답지 아니한가의 마음이었을 것이다.

아내가 보내온 다섯 폭의 치마를 가로 12, 세로 20센티미터의 천조각으로 잘라 한지를 보태 만든 이 첩에는 아이들에게 보내는 아버지의 따뜻한 사랑과 학문, 효도, 재물, 음식 등에 대한 세심하고 구체적인 충고가 가득 적혀있다. 이 첩을 만든 것은 다산이 귀양온 지 10년째 되던 1810년경오, 49세으로 첫머리에 쓴 「제하피첩題霞帔帖」을 보면 다산 부부의 애잔한 사연 그 자체가 드라마틱하여 한 편의 예술영화를 보는 것 같다.

『하피첩霞帔帖』.

하피는 조선시대 왕실의 비빈妃嬪들이 입던 옷을 말하며, 다산은 전남 강진에 유배돼 있을 때 한양에 있던 부인이 남편을 그리워하며 보내온 붉은 명주치마를 잘라 가계家戒를 쓰고 이를 한지에 붙여 3첩의 소책자를 만든 뒤 하피첩이란 이름을 붙였다. 아내가 시집을 때 입고왔던 붉은 치마가 색이 바랜 것을 보고 붉은색보다 더 아름다운 노을 하霞를 제목에 쓴 것에서 아내를 사랑하는 다산의 마음을 읽을 수 있다.

내가 강진에서 귀양살이하고 있을 적에 병든 아내가 헌 치마 다섯 폭을 보내왔는데, 그것은 시집올 적에 가져온 활옷으로서 붉은빛이 담황색으로 바래서 서본書本으로 쓰기에 알맞았다. 이를 손이 가는 대로 재단하여 조그마한 첩을 만들어 훈계하는 말을 써서 두 아들에게 전해준다. 다른 날에 이 글을 보고 감회를 일으켜 어버이의 흔적과 손때를 생각한다면 틀림없이 그리는 감회가 뭉클하게 일어날 것이다. 이를 하피첩이라 명명하였는데 이는 붉은 치마에서 전용된 말이다. 가경 경오년1810 초가을에 다산의 동암에서 쓰다.

다산은 그들 부부가 운명한 후 자식들이 「하피첩」을 보고 부모의 흔적과 유품을 생각한다면 틀림없이 그리워하는 감회가 뭉클하게 일어날 것이라고 말했다.

딸에게 준 「매조도」는 지금 고려대박물관에 소장되어 있다. 그 내용을 보면 다산 부부의 애처로운 사연과 내면세계에 잠재된 예술성의 일단을 엿볼 수 있다. 앞서 말했듯이 이 그림은 「하피첩」을 만들고 난 2년 뒤인 1813년순조 13, 52세 7월에 그린 것이다. 1년 전 딸이 윤창모용산옹山 윤서유의 아들에게 시집간 것이 계기가 된 듯하고, 그러니 이것은 먼 곳에 있어 혼례 때 곁에 있어주지 못한 딸에 대한 아버지의 미안한 마음이 담뿍 담긴 결혼선물인 것이다. 내용은 다음과 같다.

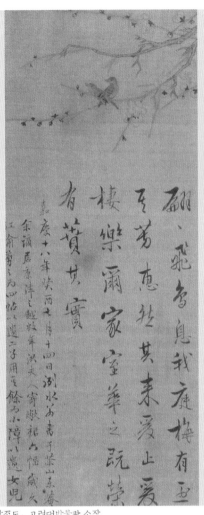

翩翩飛鳥息我庭梅
有蕡其實
其來止爰止爰
棲樂爾家室華之
既榮有蕡其實

嘉慶十八年癸酉七月十四日冽水翁書于茶山東菴

余謫居康津之越數年洪夫人寄敝裙六幅歲久
紅褪剪之爲四帖以遺二子用其餘爲小障以遺
女兒

정약용, 「매화쌍조도」, 고려대박물관 소장.

다산은 아내가 보내준 치마로 『하피첩』 3권을 만들고 남은 천에 그림을 그려 딸에게 주었다. 바로 이 그림이다. 아버지의 친구 아들과 결혼한 다산의 딸은 아들 윤정기尹廷琦(1814~1879)를 낳았는데 그는 『역전익속易傳翼續』 『시경강의속집詩經講義續集』 『물명고物名考』 등을 남긴 큰 학자가 되었다.

휠휠 새가 가볍게 날아

내 뜰의 매화나무에 앉아 쉬네

매화 향기 진하니

좋아서 찾아왔네

이제 여기 머물러 살며

즐겁게 네 집을 삼아라

꽃이 만발하고 무성하니

그 열매도 많단다

가경 18년 계유년 1813 7월 14일 열수옹은 다산 동암에서 쓰다. 내가 강진에
귀양온 지 수년이 지났을 때에 홍씨 부인이 헌 치마 여섯 폭을 부쳐왔는
데 세월이 오래되어 붉은빛이 바랬다. 오려서 4첩을 만들어 두 아들에게
주고 그 나머지로 작은 족자를 만들어 딸에게 준다.

「매조도」의 상단에는 매화가 만발했고 한 쌍의 참새가 사이좋게
나란히 앉아 있다. 이는 딸의 부부가 이 새처럼 화목하기를 바란
것이고, 그림 아래의 시에서 "꽃이 만발하고 무성하니 / 그 열매도

많단다"는 말은 딸이 앞으로 자녀를 많이 낳아 번성하기를 기원한 것이다.

먼 곳에 있어 자식들과 생이별하게 된 가난한 아버지 다산은 살아 있는 자식들에 대해서는 최선을 다해 사랑했다. 하지만 다산에게는 산 자식보다 죽은 자식이 더 많았다.

죽은 애가 산 애의 두 배

다산은 부인과 금실이 좋아 9명의 자녀를 낳았으나 3명2남 1녀만 장성하고, 3분의 2인 6명4남 2녀이 요절했다. 죽은 자식이 산 자식의 두 배였으니 불행한 아버지이기도 하다.

다산이 1802년임술 12월 전라도 강진 유배지에서 막내아들 농아가 죽었다는 비보를 받고 쓴 묘지명 「농아광지農兒壙志」가 있다. 이 묘지명의 부기附記에는 4남 2녀가 요절한 것을 따로 밝히고 있는데, 참척을 당한 슬픔이 곡진하다.

내가 처음 경자년1780, 정조 4, 다산 19세 가을 예천의 군사郡舍에서 애기 하나를 지웠고, 신축년1781, 다산 20세 7월에 아내가 학질로 인해 계집애 하나를 여덟 달 만에 출산하였는데 4일 만에 죽었으므로 미처 이름을 짓지 못한 채 와서瓦署의 언덕에 묻었다.

그다음에는 무장學淵과 문장學游을 낳았는데 다행히 성장하였다. 그다음이 구장이고 그다음은 딸아이 효순인데 순산했기 때문에 효순이라 한 것이다. 구장이와 효순에게는 모두 광명壙銘, 묘지명이 있으니 진짜 광명이 아니라 책에만 기록한 것이다. 그다음에는 딸 하나를 얻었는데 지금 열 살이 되어 이미 두 번째 홍역을 치렀으니 아마 이제는 요사夭死를 면한 것 같다.

그다음은 삼동으로 곡산谷山에서 천연두로 요절하였다. 그때 아내는 임신 중이었다. 슬퍼하는 중에 아들을 낳았으나 열흘이 지나 또 천연두를 앓다가 며칠 안 되어 요절하였다. 그다음이 농장이다.

삼동이는 병진년1796, 다산 35세 11월 5일 태어나서 무오년1798, 다산 37세 9월 4일 죽었으며, 그다음 애는 이름이 없다. 구장이와 효순이는 두척산 기슭에 묻었으니, 농장이 역시 두척산 기슭에 묻었다.

모두 6남 3녀를 낳았는데 산 애들이 2남 1녀이고, 죽은 애들이 4남 2녀이니, 죽은 애들이 산 애들의 두 배이다. 아아, 내가 하늘에 죄를 지어 잔혹함이 이와 같으니 어찌할 것인가.

위의 글에서 보듯이 다산은 19세1780, 즉 그의 부친 정재원이 예천군수로 재직할 때에 부친 곁에서 공부를 하고 있었다. 당시 임신한 첫아이가 자연 유산된 후 6명의 자녀를 차례로 잃었다. 죽은 아이를 헤아려보다가 다산은 그만 아아 하고 탄식하고 만다. 어떤 경위로 아이들이 이렇게 잘못되었을까. 다산의 자녀 출생과 참척을 당한 것을 순서대로 정리해본다.

생후 나흘 만에 죽은 첫딸

열다섯에 결혼한 다산은 5년 만에 첫딸을 낳았다. 부인 홍씨는 학질로 인하여 첫딸을 8개월 만에 조산하였다. 학질은 말라리아다. 비록 팔삭둥이를 낳았지만 고열과 구토를 동반한 와병 중에 산모와 아이가 모두 무사한 게 다행이었다. 다산은 20세 때인 1781년정조 5, 신축 7월에 아버지가 되었다. 그러나 그 기쁨도 잠시였다. 아이는 불행하게도 태어난 지 4일 만에 죽어 이름조차 지을 겨를이 없었다.

다산의 시 「입한양入漢陽」의 주註를 보면 "이때 아내가 회현방지금의 서울 중구 회현동 일대에 있으면서 병세가 위급하였다. 내가 당도하자 딸을 조산하였는데 나흘 만에 죽었다"라고 기록되어 있다. 첫 자식을 나흘 만에 하늘나라로 떠나보내야 했던 스무 살의 아버지 다산의 충격은 매우 컸을 것이다. 첫아이를 허망하게 잃은 데 충격을 받아서 그런지 다산은 그 딸에 대한 시와 문을 남기지 않았다. 첫

딸을 묻은 와서瓦署 언덕은 기와를 굽는 관청이 있던 장소로 '왜고
개' 혹은 '와고개'로 불렸는데, 천주교 박해로 순교한 이들이 이곳
에 많이 묻혔다. 지금의 국군 중앙성당이 있는 자리이다.

시문과 의술이 뛰어난 장남 학연

다산은 22세 때 장남 학연學淵을 낳았다. 첫딸을 잃은 지 2년 후
인 1783년정조 7, 계묘 9월 12일에 학연이 서울의 회현방에서 태어났
다. 학연은 병마를 이겨내고 무사히 성장했으며 장수하여 1859년
철종 10, 기미 9월 1일 76세로 운명하였다. 어렸을 때 이름은 무장武
牂 · 학가學稼이고, 자는 치수穉修이며 호는 유산酉山으로 선공감역繕工
監役이라는 벼슬을 하였다. 선공감역은 말직末職인데 연암 박지원도
이 벼슬을 지낸 바 있다. 학연은 시문과 의술에 능하고 밝았다. 저
서로 『삼창관집三倉館集』과 『종축회통種畜會通』 8권 3책이 필사본으로
전하고 있다.

다산은 학연이 태어나던 해 2월에 경의진사가 되고 이어 4월의
회시會試에서 생원이 되었으며, 9월에는 아들을 낳았다. 겹경사가
난 것이다. 한편 다산은 회시에 급제하고 선정전에 들어가 사은謝恩
하였는데, 이때 정조대왕이 특별히 얼굴을 들라고 하고는 나이를

酉山

太平四邏燈不可言如牧牛
事可新棄置勿游遙年
冬天去虛寒渡野時如此
雪六佛想
體上万壽去谷諸郞子任如
副侔名文寶壹少年上安穩
否寶兒八萆小中之子擬
衣抉一回稱俱是涯江波起
好一瑞向付之命牧考方便
涯平和子配考章安
向壽竿十分老意以口龍
唯心畢亮心志章竜書子
嘉鄉付一揤坳祇一沱

정학연 글씨, 서강대박물관 소장.

정학연이 유배지에 있는 아버지에게 보낸 편지이다. 다산은 유배지에서 맏아들 학연, 둘째 아들
학유와 편지를 주고받는 형식으로 교육을 시켰다.

물었던 것이 다산과 정조의 풍운지회의 첫 만남이었다.

학연이 백일이 되자 22세의 아버지 다산은 그 기쁨을 「무아생백일지희武兒生百日識喜」에서 이렇게 노래하였다.

아이 백일 되어 골격 굳어져가니
이마의 뼈 높이 솟아 귀상을 지녔구나

임오년에 선대 자취이었기에
그 덕 잘 이으라는 좋은 이름 지었노라

신중하고 온후하며 가진 뜻을 굳게 지켜
때가 오면 출세하여 임금 보좌하거라

이 시의 제3구에 "임오년에 선대 자취이었기에"는 다산의 부친 정재원이 1762년 임오년에 진사에 급제하고 다산을 낳은 일과, 다산이 1783년계묘 경의진사經義進士가 되고 이어 4월의 회시에서 생원이 된 후 아들을 낳은 일을 연결시킨 것이다. 부친과 다산이 모두 진사가 되고 아들을 낳은 경사가 이어졌기에 그것을 부친의 은덕으로 여기고 마음에 갈무리했다고 볼 수 있다.

스물두 살의 아버지가 첫아들에 거는 기대는 "학연"이라는 이름에서 나타난다. 웅덩이, 근본 등의 뜻을 지닌 '연淵'은 아들이 학문의 근본을 깨달아 대학자로 성장하기를 바라는 마음으로 지은 이름이다. 가진 뜻을 굳게 지켜 "때가 오면 출세하여 임금 보좌하거라"라는 내용은 장남에게 어울리는 시라 하겠다.

먼 후일의 일이지만 이 꿈은 이루어질 수 없었다. 아버지로 인하여 폐족이 된 아들들은 과거에 응시할 수 없어 "출세하여 임금을 보좌"할 꿈은 무산되고 말았다. 그리하여 아버지 다산은 일생 동안 죄책감에서 벗어날 수 없었다.

학연은 24세 때인 1807년순조 7, 정묘 부인 평창 이씨와의 사이에서 아들 대림大林, 1807~1895을 낳았다. 장손자 대림이 태어나던 1807년 당시 다산은 전라도 강진에서 7년째 귀양살이를 하고 있었다.

「농가월령가」를 지은 차남 학유

다산의 둘째 아들의 이름은 학유學游이다. 어렸을 적의 이름은 문장文牂·학포學圃이며, 자는 치구穉求이다. 다산이 25세 때인 1786년정조 10, 병오 7월 29일에 낳았다. 정학유는 성장하여 1855년철종 5, 을묘 2월 1일에 69세의 나이로 세상을 떠났다. 편서로 『시명다식詩名多識』 4권 2책이 있다.

다산이 유배지 강진에서 아들에게 보낸 편지를 보면, 학유가 술을 좋아해서 걱정이 많았다. 술을 즐긴 탓인지, 학연과 학유는 세살 차이인데 형은 76세까지 살았으나 동생 학유는 67세에 운명하여 형보다 앞서 갔다.

다산은 차남 학유가 태어나던 해인 1786년 2월 4일 별시別試 초시初試에 합격하였다.

둘째 아들 학유의 백일이 되자 그 기쁨을 「문아생백일지희文兒生百日識喜」에서 다음과 같이 읊었다.

아기 태어난 백일에 자세히 살펴보니
성긴 눈썹 수려한 눈 맑고도 단정쿠나

큰애는 글자 배우고 너는 재롱 피우니
아내는 고관대작처럼 떠받드네

태어난 해는 병오년을 만났으니
문장가에 임금 보필 두 어려움 기대되네

백일 된 아들의 성긴 눈썹과 수려한 눈 그리고 맑고 단정한 모습을 보고 기뻐하는 아버지와 아들을 애지중지하는 어머니의 모습이 오롯이 그려져 있다. 큰아들 학연은 네 살이 되어 이미 글자를 배우고 있었고, 둘째는 눈을 뜨고 방실방실 웃으며 재롱을 피웠으니 다산의 인생에서 봄날 중의 봄날이었다. 아들이 병오년에 태어났으므로 이름을 문장文牂이라고 한 만큼 성장하여 문장가가 되고 임금을 보필하는 훌륭한 신하가 될 것을 기대하였다. 장牂은 무성하게 일어난다는 의미를 지닌 글자다. 그러나 후일 가문은 폐족이 되어 이 꿈 또한 물거품이 되고 말았다. 두 아들이 모두 대궐에 들어가 함께 활약하는 것을 그려보고 있던 다산이었건만 말이다.

다산이 27세1787, 정미 때 두 아들은 완두창豌豆瘡, 즉 천연두를 앓았지만 무사히 이겨냈다. 천연두는 1977년 퇴치되었다고 선포되기 전까지 세계 전역에서 가장 두려워했던 법정 전염병 중의 하나이다.

완두창은 두창痘瘡 · 두진痘疹 · 두환痘患 · 진두疹痘 · 대역大疫 · 두역痘疫 · 두진痘疹 · 마마 · 손님 등으로 불렸고, 일생에 한 번은 반드시 걸린다고 해서 백세창百歲瘡이라고도 한다. 일제강점기에는 완두창을 천연두라 했으나, 민간에서 흔히 쓰이던 병명은 마마 또는 손님이었다. 천연두를 앓으면 다행히 생명은 구하더라도 곰보가 되는 경우가 많았다. 그렇기에 아이를 키우는 부모들에겐 가장 큰 공포의 대상이었다.

다산도 두 살1763 때 완두창을 앓았다. 그 결과 오른쪽 눈썹 사이에 흉터인 반흔瘢痕이 생겨서 갈라지는 바람에 눈썹이 세 개가 되었다. 그래서 눈썹이 세 개라는 뜻의 삼미자三眉子를 지어 호로 삼았고, 또한 10세 이전에 지은 글을 모아 『삼미집三眉集』이라고 부르기도 했다.

다산은 공포의 대상인 천연두를 어린 두 아들이 무사히 이겨내자 「완두가豌豆歌」를 지어 그 기쁨을 노래하였다.

작은 아이 말 배워도 그대 아니 기뻐했고
큰아이 글자 배워도 그대 아니 믿었었지

완두창을 이겨내자 골격 이제 변하여
오늘에야 의젓이 두 아들을 두었구나

두 아들에게 내 장차 큰 덕을 밝히게 하여
하늘과 태양을 받드는 큰 재목이 되거라

다산 부부는 작은 아들이 말을 배우고 큰아들이 글자를 배워도 기뻐할 수 없었다. 아직 천연두를 앓지 않았기 때문이다. 어린아이들은 이렇듯 죽음의 통과의례를 겪어야 했다. 다산과 천연두의 악연은 끈질겼다.

「농가월령가農家月令歌」 작품 일부.

1년 12달 동안 농가에서 할 일을 읊은 것으로, 월령月令이란 그달 그달의 할 일을 적은 행사표라는 뜻이다. 농가의 행사를 월별로 나누어 교훈을 덧어가며 농촌 풍속과 친농勸農을 노래한 것으로 당시의 농가의 풍속과 옛말 연구의 귀중한 자료이다. 모두 13장, 1032구나 되는 긴 가사로 3·4조와 4·4조로 구성되어 있다.

요절한 6명4남 2녀 중 태어난 지 나흘 만에 죽은 첫딸을 제외하고 모두 천연두를 앓다가 저세상으로 갔다. 그런 까닭에 다산은 완두창을 무사히 앓고 나자 이제야 두 아들을 두었다고 안심하였다. "두 아들에게 내 장차 큰 덕을 밝히게 하여 / 하늘과 태양을 받드는 큰 재목이 되거라" 하며 대견해했다.

둘째 아들 정학유는 「농가월령가」를 지은 작가로 널리 알려져 있다. 「농가월령가」는 1032구의 월령체月令體 장편가사로 농가의 행사와 세시풍속뿐만 아니라 당시 농촌사회의 상황을 알게 해, 농촌을 읊은 시가 중 대표 작품으로 꼽힌다. 농촌 풍경을 그림으로 그리듯 표현했고 교훈적인 내용을 담고 있다. 아버지 다산의 학문적 깊이는 계승하지 못했지만, 백성의 삶을 생각하고 쓸모 있는 지식을 추구하는 평소 아버지의 가르침과 뜻을 잘 새겨 실천한 산물이라고 할 것이다.

정학유의 부인은 청송 심씨1787~1816로 한 점의 혈육도 없이 29세의 나이에 요절하였다. 다산은 요절한 며느리의 묘지명인 「효부심씨묘지명」을 지었다. 뒤에서 다루게 될 이 묘지명에는 시아버지 다산의 못내 표현하지 못했던 정이 잘 담겨 있다.

학유는 남양 홍씨를 속현續絃, 끊어진 줄을 잇는다는 의미로 아내를 여읜 뒤 새로 아내를 맞아들이는 일을 뜻함하여 아들 대무大楙·대번大樊·대초大楚 3형제와, 임우상任祐常·강은주姜恩周에게 출가한 두 딸을 두었다.

천연두와 싸우다 요절한 3남 구장

셋째 아들 구장懼牂은 다산이 28세 때인 1789년정조 13, 기유 12월
25일 출생하여, 세 살 때인 1791년정조 15, 신유 4월 2일 천연두와 종
기가 심하여 죽었다. 두척산斗尺山에 묻었다. 셋째 아들의 이름을 구
장이라고 한 것은 "아이를 많이 낳는 것이 송구스러워서" 두려울
구懼자를 넣어 지었다而余以多男爲懼, 名曰懼牂고 다산은 「유자구장광명
幼子懼牂壙銘」에서 밝혔다.

다산은 구장이 태어나던 해인 1789년 3월 10일에 실시된 전시殿
試에서 갑과甲科 제2인으로 급제하였다. 대망의 과거에 급제한 다산
은 3월 11일 중종의 계비繼妃 윤씨의 능을 관리하는 희능직장禧陵直長
이 되었다. 지금으로 말하면 문화재관리 담당 공무원이 된 것이다.
그후 바로 아버지 다산은 모두가 선망하고 영광으로 여기던 초계
문신抄啓文臣이 되었다.

서류상으로는 구장이 세 살로 요절한 것이 되지만, 실제 산 날은
그보다 훨씬 짧다. 1789년 12월 25일에 태어나서 만 1년이 지난
후인 1791년 4월 2일에 천연두와 종기를 앓다가 요절하였으니 채
15개월도 못 살고 저세상으로 갔다. 구장의 죽음은 생후 4일 만에
죽은 첫딸에 이어 두번째로 당하는 참척이다.

다산은 도덕적 완전주의자를 지향하였다. 그러나 30세에 셋째

今日百年抄

右文民謀猷鄰宰妻榜

副司正李基慶　八十二分半
副正字李來陽　八十一分
副司果金載浚　八十分
副司正丁若鏞　八十分
藝文館檢閱金從淳　七十九分半
副司果尹光額　四十九分
副司正尹相璇　四十二分半
副司正金熙洛　四十分
兵曹佐郎朴宗淳　四十分
副司果洪義觀　三十五分半
副司果宋祥濂　三十一分
副司果張錫胤　二十九分半
副司果兪漢寗　二十七分
副司果鄭晚錫　二十二分半
副司正尹寅基　二十二分半
副司正沈能迪　十九分半
副司正李肇源　十分半
副司正安廷善　十分
副司果柳畊　九分半
去來試帳
副司果李東稷　二十二分半
副司豆洪羲浴　六分
前佐郎沈螯瑩　六分
副司果李來鉉　六分
承政院注書徐有聞　四分半
副司果宋冕新　一分半
副司果韓商新　一分
副司果稽致羅　半分

啓
乾隆五十四年十二月二十七日

규장각 초계문신抄啓文臣 과시방課試榜, 국립중앙박물관 소장.

초계문신은 조선후기에 규장각에 특별히 마련된 교육 및 연구과정을 밟던 문신들로, 위의 자료는 초계문신들이 치른 시험의 합격자 명단이다. 다산의 이름이 우측 네번째로 보인다. 다산은 80점을 받아 4등을 했는데 81.5점이 최고점이다.

구장이 떠나자, 자신의 방탕한 생활 즉 기생들과 장구치고 유람한 벌로 아들을 잃는 재앙을 받았다고 자책하였다.

당시 다산의 부친 정재원은 진주목사로 있었다. 다산은 이 해 2월에 아버지를 찾아가 뵙고 풍광이 아름다운 역사의 고도 진주에서 풍류를 즐겼다. 「억여행憶汝行」을 보자.

지난날 네가 나를 떠나보낼 때
옷자락 부여잡고 놓지 않았었지

돌아오자 네 얼굴 기쁜 빛 없어
원망하는 생각을 품은 듯했었네

마마로 죽는 것은 어찌하랴만
종기로 죽었으니 억울타마다

익성 종기 잘 낫는 웅황 썼던들
나쁜 균이 그 어찌 자랐겠는가

인삼 녹용 이제 막 먹일 판인데
냉약이 어찌 그리 황당한지

지난번에 네가 병마로 고통받을 적에
애비는 즐겁게 질탕히 놀았느니라

배 타고 북 치며 굿놀이하고
기생 끼고 촉석루에서 놀았느니라

방탕했으니 재앙받는 것이 마땅한 일
어찌 너를 여의는 벌을 면할 수 있으리

너를 초천으로 보내어
서쪽 산언덕에 묻었노라

내 장차 늙으면 이곳에서 살아
너로 하여금 의지할 곳 있게 하리라.

진주목사로 재직하고 있는 부친을 찾아 뵈러 떠날 적에, 다산은 어린 아들 구장을 간신히 다른 말로 속이고서야 길을 나설 수 있었다. 진주에 도착한 후에 구장이 천연두를 앓았는데 병중에 여러 번 아버지를 부르며 애써서 찾는다는 소식을 들었다. 3월에 집으로 돌아오니 아들은 아직 아버지의 얼굴을 알아보기는 하였으나 전처

럼 가까이 따르지 않았다고 「유자구장광명」에서 회상하였다. 그리
하여 "지난날 네가 나를 떠나보낼 때 / 옷자락 부여잡고 놓지 않았
었지 / 돌아오자 네 얼굴 기쁜 빛 없어 / 원망하는 생각을 품은 듯
했었네"라고 한 것이다.

어린 아들 구장이 병마와 싸우면서 신음하고 있는 줄 모르고 진
주 남강에서 유람한 아버지의 회한은 그지없이 깊다. 하지만 기생
들과 춤추고 놀았다는 벌로 어린 자식을 저승으로 데려간다면, 이
땅에 자식 키울 아버지들이 과연 몇 명이나 될지 모르겠다. 후술하
겠지만 아버지 다산은 요절한 구장과 부자간이었음을 눈물겹게 형
상화한 묘지명인 「유자구장광명」을 남겼다.

22개월 만에 요절한 둘째 딸 효순

둘째 딸의 이름은 효순孝順이다. 태어날 때 순산했기 때문에 이
름을 효순이라고 지었다. 효순은 다산이 31세 때인 1792년정조 16,
임자 2월 27일에 태어났다. 효순이가 태어난 지 한 달 후인 3월 29
일 다산은 홍문관 수찬이 되었다. 효순이는 천연두를 앓다가 병을
이기지 못하고 1794년 정월 초하룻날에 죽어 두척산에 묻혔다. 태
어난 지 22개월여 만에 요절한 것이고, 두척산에 묻힌 자식이 둘로

늘었다.

효순이의 요절은 다산이 세번째로 당하는 참척이다. 3남 구장을 잃은 지 3년 만의 일로 오누이가 구천에서 서로 의지하게 하고자 구장의 곁에 묻었다. 아버지 다산은 요절한 효순이가 딸이었음을 「유녀광지幼女壙志」라는 글로 시리고 아프게 지었다.

방산 윤정기를 낳은 셋째 딸

셋째 딸의 이름은 알 수 없다. 다산이 33세 때인 1794년정조 18, 갑인 3월 5일에 출생하였다. 성장하여 18세 때인 1812년 윤창모尹昌模, 1795~1856와 결혼하였다. 윤창모는 정언正言 벼슬을 한 옹산翁山 윤유서尹有書, 1764~1821의 장남이다. 셋째 딸은 1832년철종 7, 병진 11월 26일에 62세의 나이로 세상을 떠났다.

다산이 1801년 2월 28일 경상도 장기현으로 유배를 떠날 때는 막내딸이 한창 눈에 밟힐 무렵이었다. 3월 9일 장기현 마산리에 도착하여 노교 성선봉의 집에서 유배생활을 시작한 다산은 오월 단옷날이 되자 고향에 있는 어린 딸을 그리워하며 「억유녀憶幼女」라는 시를 썼다.

윤정기, 『쾌설당법서快雪堂法書』임서, 28×15.3cm.

다산의 외손자 윤정기가 청나라 풍전馮銓(1595~1672)이 편찬한 『쾌설당법서』를 임서臨書한 작품이
다. 이 책은 왕희지의 『쾌설시청첩快雪時晴帖』을 비롯해 역대 명가名家의 글씨를 임모하여 돌에 새
기고, 이를 탁본하여 만든 법첩이다.

어린 딸이 단옷날이면
옥 같은 살결 씻고 새 단장 했었지

붉은 모시베로 치마 해 입고
머리엔 푸른 창포를 꽂았지

절을 익히며 단아한 모습 보이고
술잔 올리며 상냥한 표정이었는데

오늘 같은 단옷날에는
장중의 구슬을 누가 있어 놀릴까

이 어린 딸은 당시 여덟 살이었다. 유형의 땅 장기에도 어김없이
단옷날이 왔다. 귀양을 온 지 두 달 만이다. 다산은 명절 단오가 되
니 더욱 고향에 있는 가족들이 보고 싶었다. 생각이 귀여운 셋째 딸
에 이르자 보고 싶은 마음에 붓을 들어 그림을 그리듯 쓴 것이다.
  유배를 오기 전 딸은 단옷날이면 옥 같은 살결을 씻고 붉은 모시
치마를 입고 머리엔 푸른 창포를 꽂은 채 절을 익히곤 했다. 그 어
린 것이 단아하게 차려입고 어른들 손에 이끌려 술잔까지 올리는
데, 얼굴을 들어 상냥한 표정을 지었으니 얼마나 귀여웠겠는가. 그

러나 누가 있어 이 딸의 재롱을 받아줄 것인가. 아버지도 두 분의 큰아버지도 모두 자리에 없으니 다산은 오라버니들에게 아버지가 언제 오느냐고 묻는 딸의 모습을 떠올리지 않았을까.

이 딸이 장성하여 시집가 20세에 낳은 아들이 바로 방산舫山 윤정기尹廷琦, 1814~1879이다. 외손자 윤정기는 다산의 학문을 계승 발전시킨 학자로 경사經史에 밝았으며, 다산의 문장과 송나라 미불의 체를 터득한 글씨로 유명하였다. 저서로 『역전익속易傳翼續』 『시경강의속집詩經講義續集』 『방산유고』 등이 있다. 다산의 문집인 『여유당전서』에는 셋째 딸이 윤창모에게 시집갔다고 되어 있다. 그러나 해남 윤씨 족보를 확인한 결과, 윤정기의 아버지 즉 다산의 사위는 윤영희尹榮喜로 되어 있다. 이는 잘못된 것이 아니라 윤창모가 후일에 윤영희로 개명한 것이다.

22개월 만에 요절한 4남 삼동

넷째 아들의 이름은 삼동三童이다. 삼동은 다산이 35세 때인 1796년정조 20, 병진 11월 5일에 태어났다. 삼동이라고 이름을 지은 데에는 까닭이 있다. 다산은 1795년을묘 7월에 청나라 신부 주문모周文模가 체포되고 둘째 형 정약전이 연좌되자 우부승지에서 충청도 금정찰방金井察訪으로 좌천되었다. 하지만 이듬해1796년 정초에 복귀했으며, 곧바로 아내가 삼동이를 임신했다. 같은 해 10월에는 규영부교서가 되었고 11월 5일에 삼동이가 태어났다. 이처럼 기쁜 일이 세 가지가 있어 아들의 이름을 삼동이라고 지었다.

그러나 다산에게 세 가지 기쁨을 주었던 넷째 아들 삼동이는 태어난 지 22개월 만인 1798년정조 22, 무오 8월 천연두가 돌아 발진이 되었으나 배설을 하지 못하고 어린아이의 입술과 잇몸이 헐어 썩는 병인 아감창牙疳瘡이 심해지더니, 9월 4일에 일찍 생을 마감했다.

당시 다산은 황해도 곡산도호부사로 재직 중이었다. 종인 돌이를 시켜 광주廣州 초부草阜의 조곡鳥谷에 묻었다가, 이듬해 봄1799에 증조부 정항신丁恒愼, 1691~1733의 산소 부근인 두척산 기슭에 옮겨 묻었다. 둘째 딸 효순이가 죽은 지 4년 만에 또다시 넷째 아들을 잃었으니 네번째로 당하는 참척이었다. 아버지 다산은 삼동이와 부자간이었음을 곡진하게 밝힌「유자삼동예명幼子三童瘞銘」을 남겼다.

생후 열흘 만에 요절한 5남

다섯째 아들은 태어난 지 열흘 만에 죽어 이름이 없다. 다산이 곡산부사로 재직 중이던 37세 때인 1798년정조 22, 무오 10월에 출생하였다. 생후 열흘이 지나 미처 이름도 짓기 전 천연두를 앓다 죽었다. 다섯번째 당하는 참척이다.

4남 삼동이가 9월 4일에 요절했는데 10월에 태어난 다섯째 아들은 열흘 만에 죽었으니 한 달 새에 다산은 아들 둘을 잃었다.

간장이 끊어지는 참척, 6남 농아

여섯째 아들의 이름은 농장農牂인데 농아農兒라고도 불렀다. 농아는 다산이 38세 때인 1799년정조 23, 기미 12월 2일에 태어났다. 이해 4월에 다산은 곡산도호부사에서 내직으로 옮겨 병조참의를 거쳐 형조참의가 되었다. 6월에 천주교도라는 비방을 받자 사직상소를 올려 7월 26일에야 사직을 허락받았다.

농아는 다산이 유배된 지 2년째인 1802년임술 11월 30일 홍역과 천연두와 종기로 인해 세 살로 요절하였다. 비록 35개월을 살았지만 아버지와 함께 산 기간은 14개월여에 불과하다. 농아가 태어난 지 14개월 만에 신유사옥이 일어나 유배를 갔기 때문에 다시는 볼수 없었다. 농아는 죽어가면서도 귀양간 아버지를 애타게 찾다가 눈을 감았다. 역시 증조부 산소 부근인 두척산 기슭에 묻혔다.

다산은 강진 유배지에서 농아의 비보를 듣고 눈물 없이는 읽을 수 없는 여섯째 아들의 묘지명인 「농아광지農兒壙志」를 썼다.

다산은 열다섯 살에 결혼하여 5년 후인 20세에 첫딸을 낳은 후 모두 아홉 명을 낳았다. 그러나 불행하게도 6명이 요절하여 성장한 자녀는 3명뿐이다. 요절한 자식들 가운데 세상에 태어나 가장 짧게 산 아이는 큰딸로 나흘 만에 죽었고 그나마 오래 산 것이 35개월을 산 여섯째 아들 농장農兒이다. 가난한 아버지로서 여섯 명의 어린 자식을 땅에 묻어야 했던 그 시린 슬픔을 어찌 짐작하리.

지금까지 다룬 바와 같이 다산의 요절한 자녀 4남 2녀 중에서 첫딸을 제외하고 모두 천연두를 앓다가 이기지 못하고 하늘나라로 갔다.

다산은 20세 때 첫딸을 낳은 후에 두세 살 또는 한 살 터울로 자녀를 낳았다. 38세 때인 1799년 12월에 막내를 낳고 더 이상 자녀를 낳지 않았다. 자식을 더는 가질 수 없었던 것은 40세 때인 1801년 신유사옥에 연루되어 겨우 죽음을 면하고 유배되어 무려 18년간 부인과 헤어져 살아야 했기 때문이다.

인간이 만든 유배라는 굴레가 금실 좋은 다산 부부를 그토록 오랫동안 생이별시켰다. 다산 부부는 6명의 어린 영혼을 땅에 묻어야 했던 참척뿐 아니라, 18년간 떨어져 지내는 슬픔까지 겪어야만 했다.

다산 부부와 자녀 9명의 생몰년월일

구분		이름	출생 년월일	사망 년월일	비고
아버지		정약용	1762. 6. 16	1836. 2. 22	75세로 운명
어머니		풍산홍씨	1761	1838. 6. 28	78세로 운명
①	장녀	무명	1781. 7 (다산 20세)	1781. 7	팔삭둥이. 조산으로 생후 4일 만에 요절
②	장남	학연	1783. 9. 12 (다산 22세)	1859. 9. 1	76세로 운명
③	차남	학유	1786. 7. 29 (다산 25세)	1855. 2. 1	69세로 운명
④	삼남	구장	1789. 12. 25 (다산 28세)	1791. 4. 2	천연두와 종기로 생후 14개월 만에 요절
⑤	차녀	효순	1792. 2. 27 (다산 31세)	1794. 1. 1	천연두로 생후 22개월 만에 요절
⑥	삼녀	미상	1794. 3. 5 (다산 33세)	1856. 11. 26	윤창모에게 출가 62세로 운명
⑦	사남	삼동	1796. 11. 5 (다산 35세)	1798. 9. 4	천연두와 아감창으로 생후 22개월 만에 요절
⑧	오남	무명	1798. 10 (다산 37세)	1798. 10	천연두로 생후 10일 만에 요절
⑨	육남	농장 (농아)	1799. 12. 2 (다산 38세)	1808. 11. 30	홍역과 천연두와 종기로 생후 35개월 만에 요절

자식들에게는 주눅 들지 말고 당당하게 살라고 말했던 다산이었다. 그 스스로도 차디찬 방에 앉아 학문에 대한 연구를 하루도 쉬지 않았고, 속세와 멀어져 선비로 살아가고자 했다. 하지만 쳐다보지 않으려 해도 병들어 죽고 관리들의 횡포에 시달려 죽는 백성들

의 아비규환은 다산의 심기를 건드렸고, 그 틈을 타고 스며드는 시대에 대한 울분, 살아온 날에 대한 좌절감은 막을 수 없었다. 먼저 보낸 자식들이 떠오르는 날은 또 얼마나 많았을까. 감시의 눈길에 묶여 그리운 사람을 만나러 갈 수도 없었던 다산은 혜장惠藏, 초의艸衣, 석옥石屋 같은 승려들과 맑고 스산하게 우정을 나누는 것으로 그 시간을 이겨내곤 했다. 다산은 이들과의 교유 속에서 산거시山居詩를 많이 남겼는데, 자연과 함께 소요하는 서정적인 노래 속에 역설적으로 새겨진 상처의 무늬를 만날 수 있다.

처자식 단란하다 그대 자랑 말라
맑고 한가로움은 나그네집만 못하네

서리 내린 시냇길에 고와라 나뭇잎들
시든 풀 산 언덕엔 꽃이 선명하네

골짝의 새벽 메아리에 바람은 바위에 지고
나무꾼 저녁 노래에 물결은 모래를 씻어낸다

붉은 진흙을 발라 고치는 일 겨우 마치고
마른 소나무에 홀로 기대어 지는 노을을 보네

海鱼圆遊遍

玉楼之三百里空

至把目之長天

九聲聲靈林

🦋 너무나 인간적인 슬픔

어린 자식을 저세상으로 보낸 아버지가 어린 영혼을 위해 글을 지었다면 그 내용의 비애와 통한은 더욱 처절할 것이다. 그 글은 눈물로 먹을 갈아 쓴 것이니 글자마다 혈루반점血漏斑點일 것이다.

다산은 태어나 며칠 머물지도 못한 첫딸과 다섯째 아들을 제외하고는 4명의 자녀를 위해 묘지명의 일종인 광명壙銘·광지壙志·예명瘞銘, 광명과 같음을 남겼다. 그 이유는 그들이 이 세상에 잠시나마 왔다 간 흔적을 기리고, 아울러 요절한 영혼과 아버지와 아들, 아버지와 딸 관계였음을 기록하여 후일에 징험할 수 있도록 하기 위한 것이었으니 인간적이고도 인륜의 선어제善於際가 아닐 수 없다. 이를 통해 인간 다산의 참모습과 아버지의 정의 세계를 만날 수 있다.

광명이나 광지 그리고 예명은 모두 묘지명의 일종으로, 죽은 이의 간단한 가계와 이력과 장례일자 등을 돌에 새겨서 무덤 속壙中에 넣어두어 후일에 산천이 변했어도 묘를 잃지 않게 하기 위한 것이다.

다산의 자녀 광명은 모두 4편으로 「유자구장광명幼子懼牂壙銘」「유녀광지幼女壙志」「유자삼동예명幼子三童瘞銘」「농아광지農兒壙志」가 있다. 다산은 요절한 자녀들의 광명을 짓게 된 경위를 「농아광지」 부기附記에서 다음과 같이 밝혔다.

> 복노가 항상 "자녀 가운데 요절한 자는 마땅히 그들의 생년월일, 이름, 자字, 모습 등과 죽은 연월일까지 갖추어 써놓아 뒷사람들이 징험할 수 있게 하여 그들의 삶의 흔적이 남도록 해야 한다" 하였는데, 그 말이 매우 어질다. (…) 구장이와 효순이에게는 모두 광명이 있으니 진짜 광명이 아니라 책에만 기록한 것이다.

위의 복노伏老는 다산의 선배인 복암伏菴 이기양李基讓, 1744~1802이다. 이기양은 예조참판을 지낸 이로, 다산과 함께 신유사옥 때 화를 입어 단천端川으로 귀양 가 1년 후 유배지에서 운명하였다. 다산은 귀양에서 풀려나 향리에 돌아와서 그의 묘지명을 지었으니 이 또한 아름다운 일이다.

다산이 지은 광명은 돌에 새겨 자녀들의 무덤에 매장한 진짜 광명이 아니라, 자신의 문집에 남겨 요절한 어린 영혼들과 부자 · 부녀 사이였음을 후일에 알게 하기 위한 것이었다.

참회를 토로한 「유자구장광명」

「유자구장광명」은 3남 구장이 태어난 지 14개월 만에 천연두를 앓다가 요절1791하자 지었다. 이 광명에는 참회와 자책이 곡진하게 형상화되어 있어 다산의 부정을 알 수 있다. 이해를 돕기 위하여 번호를 붙여 단락을 나눈다.

1 어린 아들은 건륭 기유년정조 13, 1789, 다산 28세 12월 25일에 태어났지만, 실은 경술년정조 14, 1790으로 입춘이 지난 뒤었다. 그런데 경술년은 아버님의 회갑이었으므로 아버님께서는 그 애를 사랑하시어 늘 동갑이라고 부르셨다.

2 그러나 나는 아이를 많이 낳는 것이 송구스러워 구장懼牂이라고 불렀다. 그 애에 대한 사랑이 유달리 깊어 구악懼岳이라고 바꾸어 불렀는데, 구악도 매우 따랐으므로 잠시도 떼어놓지 못하게 하였다.

3 신해년정조 15, 1791, 다산 30세 3월에 내가 진주로 아버님을 뵈러 갈 때, 간신히 다른 말로 속이고서야 길을 나설 수 있었다. 이윽고 진주에 도착

한 뒤에 구악이 천연두를 앓았는데 병중에 여러 번 아버지를 부르며 애써서 찾는다는 소식을 들었다.

④ 3월에 내가 돌아오니 구악은 아직 얼굴을 알아보기는 하였으나 전처럼 가까이 따르지 않았다. 며칠이 지나서 다리의 종기로 기운이 다하여 죽었는데, 그때가 4월 2일이었다.

⑤ 지금 날짜를 따져보니 구악이 막 신음하며 고통에 시달리고 있을 때 나는 관현악을 벌여놓고 노래하고 춤추며 촉석루 아래 남강에서 물결을 따라 오르내렸던 것이다.

⑥ 슬프고 애통하도다. 마현의 선영에 묻었으니, 곧 나의 증조부의 산소 옆이다.

⑦ 명은 다음과 같다.

가을 난초가 저절로 나서
성하고 성하더니 먼저 시들었구나

영혼은 천상에 오르니 희고 깨끗하여
꽃 아래서 놀고 있으리라

②~⑤단락에 부자간의 사랑과 아버지의 회한이 그려져 있다. 그 참회와 질책은 앞에서 언급한 바 있고 계속 거론해봐야 마음만 아

프니 넘어가도록 하자. 다만 ⑦의 명에서 주목해야 할 것은 아들을 가슴에 묻은 다산의 시심이 완성한 비장미이다. "가을 난초가 저절로 나서 / 성하고 성하더니 먼저 시들었구나"에서 아들 구장을 가을 난초로 비유했다. 이어서 어린 "영혼은 천상에 오르니 희고 깨끗하여 / 꽃 아래서 놀고 있으리라"라고 위로한다. 간결하면서도 투명한 이미지가 연속되면서 슬픔을 뱉어내기보다 씻어내고 있으며, 희고 깨끗한 영혼은 삶의 때가 묻지 않아 천상에서도 가장 아름다운 꽃그늘 아래에서 놀고 있을 것이라는 아버지의 마음이 잘 형상화되었다.

구장의 죽음에 대한 아버지 다산의 참회와 자책은 아래의 「억여행憶汝行」에서 더욱 심화되었다. 시에 붙은 주에서 "어린 아들 구장의 죽음을 슬퍼하여 지었다. 4월 초에 종기로 죽었는데 기유년 12월생이다"라고 밝혔듯이 아들의 만시輓詩이다. 앞서도 언급했지만 이 시는 아들의 죽음을 아버지가 자신의 업보로 짊어지는 내용이다. "지난번에 네가 병마로 고통받을 적에 / 애비는 즐겁게 질탕히 놀았느니라 / 배 타고 북 치며 물놀이하고 / 기생 끼고 촉석루에서 놀았느니라 / 방탕했으니 재앙받는 것이 마땅한 일 / 어찌 너를 여의는 벌을 면할 수 있으리"라고 한 것을 단순히 자책했다고만 할 수 있을까? 어쩌면 다산의 목적은 참회와 자책이 아니라 괴로움과 아픔 속에서 죽어갔을 아들의 고통에 조금이라도 동참하고 싶은 마음, 그럼으로써 좀더 아들을 곁에 있는 것처럼 느끼고 싶은 마음이 아니었을까. 이미 죽고 사라진 아들과 연결되는 방법은 오직 그 아이의 죽음을 자신이 책임지는 것에 있다고 생각한 것은 또 아니었을까.

애한을 그린 「유녀광지」

「유녀광지」는 둘째 딸 효순이가 태어난 지 만 22개월여 만에 천연두를 앓다가 정월 초하룻날 요절1794하자 지은 것이다. 효순의 죽음은 다산이 세번째로 당하는 참척이다. 3남 구장을 잃은 지 3년 만의 일로 오누이가 구천에서 서로 의지하게 하고자 효순이를 구장의 곁에 묻었다. 어린 효순이의 삶과 아버지의 애한을 그린 「유녀광지」를 보자.

[1] 어린 딸은 건륭 임자년1792 2월 27일에 태어났다. 그 애 어미가 순산한 것을 효라고 여겨 '효순'이라고 불렀는데, 이윽고 부모의 사랑이 깊어져서 그를 부를 때의 권설음捲舌音 때문에 음이 전하여 '호동'이 되었다. 조금 컸을 때는 감아 빗는 머리가 이마를 덮어 늘어진 품이 게蟹의 촉수와 같았다. 그러므로 늘 정수리를 어루만지며 다시 한글로 '게압발蟹押髮'이

라 불렀다.

② 성품도 효순하여 부모가 화가 나서 다투면 문득 옆에서 웃음 지으면서 양편의 화를 모두 풀어주었으며, 부모가 간혹 때가 지나도록 밥을 먹지 않으면 애교스런 말로 식사를 권하였다.

③ 태어난 지 24개월 만에 천연두를 앓았는데, 발진이 잘 안 되고 검은 점이 되더니 하루 만에 숨이 끊어졌다. 그때가 갑인년1794 정월 초하룻날 밤 사경이었다. 용모가 단정하고 예뻤는데, 병이 들자 초췌하여 검은 숯 같았다. 그러나 죽으려고 다시 열이 오르는데 잠깐 애교스런 웃음과 말을 보여주었다.

④ 가련해라. 어린 구장이도 세 살에 죽어서 마현에 묻었는데 이제 또 너를 여기에 묻는다. 네 오빠의 무덤과 종이 한 장만큼의 사이를 둔 것은 서로 의지하며 지내도록 하려고 한 것이다.

시 속에 그림이 있고 그림 속에 시가 있다詩中有畵 畵中有詩는 말이 있듯이 「유녀광지」는 죽은 딸의 생시 모습과 어린 딸을 잃은 아버지의 마음을 생생하게 그리고 있다.

특히 효순이는 아버지에게 많은 추억거리를 남겨주었다. 불과 24개월달 수로 계산해서 그렇다는 말. 날수로 정확히 세면 22개월임 사는 동안 효순이는 게의 촉수와 같은 머리 모양으로 즐거움을 줬고, 다산 부부가 싸움을 하면 그게 싸우는 것인 줄도 모르고 옆에서 방긋방긋 웃곤 했나보다. 한참 다투던 부부가 이 모양에 스스로 풀어져서 싸움을 그치기도 했고, 조정에 들어가서 한창 정치실무에 정신없이 바빴을 다산이 퇴청하여 늦은 저녁까지 못다 읽은 책을 읽느라 저녁 끼니마저 잊고 있으면 엉금엉금 사랑방까지 기어와서 "진지 잡수세요" 했다.

용모도 단정해서 딸 키우는 재미를 새록새록 느낄 무렵, 병마가 덮쳐 하루 만에 귀하디귀한 막내딸을 앗아가버렸다. 이 부분에 대한 다산의 묘사는 다소 냉정해 보일 정도로 침착한데, "발진이 잘 안 되고 검은 점이 되더니"라는 표현에서 애가 타서 발만 굴렀을 다산 부부의 모습이 절로 그려진다. 아무리 천연두라도 이렇게 금방 죽기는 힘들지 않을까 싶을 정도로 효순은 빨리 가버렸다. 정월 초하룻날 새벽 1시에서 3시 사이에 저승사자는 효순을 데려갔다. 검게 타서 숯이 되어버린 얼굴을 보며 다산은 자신이 가진 의학 지식으로 딸의 죽음을 예감했을 것이다. 검게 탄 얼굴에 잠시 생기가 돌더니 평상시의 말투를 회복한 것은 죽음의 전조였을 뿐이다.

다산의 딸 효순은 죽음이 무엇인지도 모를 나이에 죽었다. 죽기 전 부모에게 무어라 말을 했다지만 "이제 안 아파" 정도가 아니었을까. 광지를 쓰기 위해 딸의 죽음을 떠올려보던 다산은 "가련해라" 하며 탄식하고 만다. 다산은 얼마 전 죽은 구장과 함께 오누이를 "종이 한 장 사이"를 두고 나란히 땅에 묻었다.

참척을 시로 쓴 「유자삼동예명」

「유자삼동예명」은 4남 삼동이가 출생한 지 22개월 만에 천연두를 앓다가 요절1798하자 쓴 것이다. 다산은 효순이가 죽은 지 4년 만에 또다시 4남을 잃었으니 네번째로 당하는 참척이었다. 당시 다산은 황해도 곡산도호부사로 재직 중이었는지라, 종 돌이를 시켜 광주 초부의 조곡에 묻었다가 이듬해 봄에 증조부 산소 부근인 두척 기슭에 이장하였다.

이 「유자삼동예명」은 명 대신 6언 8구의 시로 참척을 형상화하여, 시로써 슬픔을 그린 것이 특징이다.

1 을묘년1795 가을 내가 금정으로 귀양을 갔는데, 돌아오니 해가 바뀌게 되었다. 다음 해가경 병진, 1796 정월 일에 규성奎星 운이 열려서 부인이 아기를 가졌다가 11월 5일 사내아이 하나를 낳았다. 귀양에서 새로 돌아와 임신이 되었으며, 또 문병을 받았고 막내가 될 것 같았다. 이런 세 가지 기쁨이 있어 삼동이라고 불렀다.

2 나면서부터 정수리에서 이마까지 뼈가 볼록 튀어나와 모가 져서 '복서伏犀'라고 불렀다. 이것은 나하고 비슷한 모양이나 나보다 더욱 크다.

3 정사년1797 가을에 가족을 이끌고 곡산으로 나갔는데, 무오년1798 8월 중에 천연두가 돌아 발진이 되었으나, 배설을 하지 못하여 아감창이 심해

지더니, 9월 4일 어린 나이에 죽었다.

4 슬프다. 종 돌이를 시켜 광주 초부의 조곡에 묻게 하였다가 이듬해 봄에 두척의 기슭에 옮겨 묻었으니, 이곳은 증조부의 묘지 근처이다.

5 다음과 같이 시를 지었다.

네 모습은 숯처럼 검게 타
예전의 귀여운 얼굴 다시 볼 수 없구나

귀여운 얼굴 황홀하여 기억조차 희미하니
우물 밑에서 별을 보는 것과 마찬가지구나

네 영혼은 눈처럼 결백하여
날아올라 구름 속으로 들어갔구나

구름 속은 천리만리 멀기도 하여
부모는 하염없이 눈물만 흘린다

다산은 34세 때인 1795년을묘 7월에 청나라 신부 주문모가 체포되고 중형 정약전이 연좌되자 우부승지에서 충청도 금정찰방으로 폄직되었다가, 다음 해1796 정초에 돌아온 후 부인이 바로 삼동이를 임신하였다. 같은 해 10월에 규영부교서가 되었고 11월 5일에 삼동이가 출생하였다. 이와 같은 기쁜 일이 세 가지가 있어 아들의 이름을 삼동이라고 하였음을 먼저 밝히고 있다.

"나면서부터 정수리에서 이마까지 뼈가 볼록 튀어나와 모가 져서 '복서伏犀'라고 불렀다. 이것은 나하고 비슷한 모양이나 나보다 더욱 크다"고 한 것은 앞짱구를 일컫는 듯하다. 관상학적으로는 "귀인이 될 얼굴상"이다. 복서코는 "재물 운이 있는 사람"을 말하기도 한다. 아이를 많이 잃어본 다산은 갓난애의 이마뼈가 툭 불거진 게 건강해 보이고, '이놈'이 출생부터 집에 복을 가져온 복덩어리가 아닌가 하였을 것이다. 게다가 자신을 닮아 머리까지 좋으면 일찍부터 글 읽기를 시켜 제 형들과 함께 학문의 길로 이끌 생각에 기뻐하였을 것이다.

그런데 또 천연두가 돌았다. 이웃집 아이가 걸리면 우리 집 아이도 걸리는 게 천연두다. 걸릴 수밖에 없지만 조금 아픈 뒤에 무사 통과하기만을 간절히 바라는 게 부모의 마음이다. 게다가 곡산부사가 되어 임지에 가족을 이끌고 나간 사이에 아이가 아프게 되었으니, 이 무슨 운명이란 말인가. 열을 내리게 해야 하는데 아이가 배설을 하지 못해 열이 위를 침투해 입술과 잇몸이 벌겋게 달아오르고 붓기 시작했다. 아감창은 어린아이의 입술과 잇몸이 헐어 썩는 병을 말한다. 20여 일을 버티다 삼동이도 죽고 말았다.

다음은 매장에 관한 기록이다. 다산은 곡산도호부사로 재직 중이라서 종 돌이를 시켜 장례를 치렀다. 부득이 광주 초부의 조곡에 묻었다가, 다음 해 봄 증조부 묘소 근처인 두척산 기슭에 이장하였다. 22개월 만에 죽은 어린 영혼의 무덤을 해가 바뀐 다음, 외롭지 않게 하기 위하여 증조부의 산소 부근으로 이장하기까지 다산의 마음은 끈질기게 괴로웠을 것이다. 하지만 장례라도 잘 치러주고 싶은 게 조선시대 선조들의 마음이었고, 죽은 아이들일지라도 형제끼리 모아놓고 증조부의 바짓단 정도의 자리에 묻어주고 싶은 것이 아비의 마음이었다.

삼동이는 효순이보다 성장이 더뎠던 것인지 부모와 말을 나누거나 가족들에게 귀여움을 부린 흔적을 위의 기록에서는 찾아볼 수 없다. 그러나 모르긴 몰라도 다산이 이 아이에게 건 기대는 자못 컸으리라 생각된다. 생김새부터 자신을 빼닮은 삼동이는 장성했으면 큰 학자가 될 재목이었는지도 모른다. 이런 아쉬움과 착잡함 속에 다산은 시 한 수를 지어 짧은 생을 살다 간 아이의 마지막 길을 배웅했다. 그 어조가 구장이 죽었을 때보다 더 힘이 빠져 있다. 구장이 죽었을 때 아이의 깨끗한 영혼이 꽃그늘 아래에서 놀고 있을 거라고 노래했던 아버지는 이제 하염없이 눈물만 흘릴 뿐이다. 날아올라 구름 속에 들어간 아이의 영혼은 천리만리 멀기만 하다.

「유자삼동예명」의 형식적 특징은 지문誌文에서는 사실만을 서술하고 시로써 참척을 당한 아버지의 정을 곡진하게 그려냈다는 점이다.

통한이 서린 「농아광지」

이 「농아광지」는 다산이 유배지 강진에서 지은 것이다. 여섯째 아들로 태어난 농아는 이미 요절한 5명의 자녀보다는 이 세상에 조금은 오래 머물다 갔다. 즉 농아는 1799년 12월 2일에 출생하여 1802년 추운 겨울인 11월 2일에 유배 간 아버지를 그리다가 요절을 하였으니 35개월을 산 셈이다.

다산은 넷째 아들 삼동을 먼저 떠나보낸 이후 37세 때 다섯째 아들을 낳았으나 열흘이 지나 천연두에 걸려 채 이름도 짓기 전에 잃었고, 다시 농아를 잃어 모두 6명이 요절하는 지경에 이르렀다. 그러나 농아 이전의 5명의 자녀는 모두 다산 부부가 함께 살며 곁에 있을 때 눈을 감았다. 그러나 농아만은 그렇지 않았으니, 홍역이 천연두가 되었고 다시 천연두가 종기로 확대되어 결국 유배 간 아버지를 애타게 그리다가 어머니 품안에서 눈을 감았다. 이 비보를 집에서 온 편지를 통하여 접한 유배객인 아버지의 슬픔과 한의 세계가 어떠했는가는 「농아광지」를 읽지 않아도 유추할 수 있다.

농아에 대한 사실의 기록이면서 자식을 잃은 아버지의 참담한 심경을 진솔하게 토로한 「농아광지」를 보자.

① 농아는 곡산에서 잉태하여 기미년1799 12월 2일에 태어났다가 임술년 1802 11월 30일에 죽었다. 홍역이 천연두가 되었고 천연두가 종기로 되었던 것이다. 나는 강진 귀양지에서 글을 지어 그 애 형에게 보내, 그 애의 무덤에 곡하고 알리게 하였다. 농아를 곡하는 글은 이렇다.

② 네가 세상에 태어났다가 죽은 것이 겨우 세 돌일 뿐인데, 나와 헤어져 산 것이 2년이나 된다. 사람이 60년을 산다고 할 때, 40년 동안이나 부모와 헤어져 산 것이니, 이야말로 슬픈 일이라 하겠다.

③ 네가 태어났을 때 나의 근심이 깊어 너를 "농아"라고 이름지었다. 얼마 후 화가 근심하는 대로 닥쳤기에 너에게 농사를 지으며 살게 하려 한 것뿐이니, 이것이 죽는 것보다 낫기 때문이었다. 나는 죽으면 기꺼이 황령을 넘어 열수한강를 건너갈 수 있을 것이니, 이것이 내가 죽는 것이 사는 것보다 나은 것이다. 나는 죽는 것이 사는 것보다 나은데 살아 있고, 너는 사는 것이 죽는 것보다 나은데 죽었으니, 이것은 내가 어찌할 수 없는 것이다. 만약 내가 네 곁에 있었다고 하더라도 반드시 네가 살 수는 없었겠지만, 네 어미의 편지에 "애가 '아버지가 돌아오시면 나의 홍역이 낫고, 아버지가 돌아오시면 천연두가 곧 나을 것이다'라고 했습니다" 하였는데, 이것은 네가 사정을 헤아리지 못해서 이런 말을 한 것이다. 그렇지

만, 너는 내가 돌아오는 것으로 마음의 의지를 삼으려 한 것인데 너의 소원을 이루지 못했으니 정말 슬픈 일이다.

④ 신유년1801 겨울에 과천의 점사店舍에서 너의 어미가 너를 안고 나를 전송할 때 너의 어미가 나를 가리키며 '너의 아버지시다'라고 하니, 네가 따라서 나를 가리키며 '나의 아버지이다'라고 했으나, 너는 아버지가 아버지인 줄을 실은 알지 못했던 것이다. 참으로 슬픈 일이다.

⑤ 이웃 사람이 집으로 떠나갈 때 소라껍질 두 개를 보내며 너에게 주라고 하였더니, 네 어미의 편지에 "애가 강진에서 사람이 올 때마다 소라껍질을 찾다가 받지 못하면 풀이 꺾이곤 하였는데 그 애가 죽어갈 무렵에 소라껍질이 도착했습니다" 했으니, 참 슬픈 일이다.

⑥ 네 모습은 깎아놓은 듯이 빼어난데, 코 왼쪽에 조그마한 검은 사마귀가 있고, 웃을 적에는 양쪽 송곳니가 뾰쪽하게 드러난다. 아아, 나는 오로지 네 모습만이 생각나서 거짓 없이 너에게 고하노라. 가서家書를 받으니 그 애의 생일에 묻었다 한다

눈물 없이는 읽을 수 없는 아리고 애잔한 글이다. ① 농아의 생몰과 죽음에 이른 과정을 먼저 기술하고 이어 광지를 짓게 된 배경을 설명하였다. 아버지는 유배된 죄인이라서 아들의 무덤에 찾아가 곡哭을 할 수 없는 처지였기에 광지를 편지로 보내 그의 형으로 하여금 무덤에 곡하게 할 수밖에 없는 사유를 밝혔다. 다산은 농아의

요절을 고향에서 온 편지를 통하여 알게 된다.

이제 본문을 살펴보자. ②단에서 "네가 세상에 태어났다가 죽은 것이 겨우 세 돌일 뿐인데, 나와 헤어져 산 것이 2년이나 된다. 사람이 60년을 산다고 할 때, 40년 동안이나 부모와 헤어져 산 것이니, 이야말로 슬픈 일이라 하겠다"라고 하였다. 아버지의 곡진한 정이 글자마다 배어 있다. 농아가 세상에 태어나 부자의 인연을 맺었으나 3분의 2를 별거하여 인연이 너무나도 짧아 참으로 슬픈 일[其可哀也已]이라고 하였다. 이는 단장의 참척을 은유한 것이다.

③에서 아들의 이름을 농아農兒라고 지은 사유를 먼저 밝혔다. 농아가 태어난 것은 1799년 12월 2일인데 다산은 그해 6월에 민명혁閔命爀이 전 대사간 신헌조申獻朝의 계언啓言 가운데에서 다산의 중형 정약전의 이름을 언급한 것을 말하면서 다산이 태연하게 공무를 집행한다고 논계論啓하자, 22일에 「사형조참의소」를 올리고 사직해 11년간의 벼슬살이를 마감하였다. 다음 해인 1800년 봄에 세로의 위험함을 알고 봄에 처자를 인솔하여 낙향하였는데, 정조가 6월 28일 갑자기 승하하자 다산의 비운이 시작된 것이다. 이러한 저간의 사정으로, 재앙이 언제 닥칠지 모르는 험난한 벼슬길에 나가지 말고 농사지으며 살게 하고자 "농아"라고 이름을 지은 것은 농사일 하는 것이 "죽는 것보다 낫기" 때문이었다.

불행하게도 그 소망은 아들의 죽음으로 무산되었기에 "나는 죽으면 기꺼이 황령을 넘어 열수한강를 건너갈 수 있을 것이니, 이것이 내가 죽는 것이 사는 것보다 나은 것이다. 나는 죽는 것이 사는 것보다 나은데 살아 있고, 너는 사는 것이 죽는 것보다 나은데 죽었으니, 이것은 내가 어찌할 수 없는 것이다. 만약 내가 네 곁에 있었다고 하더라도 반드시 네가 살 수는 없었다"고 하여 아들의 죽음 대신하지 못한 아버지의 슬픔과 생과 사가 뒤바뀐 운명을 표현하고 있다. 그러나 부인이 보내온 편지에서, 농아가 "아버지가 돌아오시면 나의 홍역이 낫고, 아버지가 돌아오시면 천연두가 곧 나을 것이다"라고 했다는 말을 옮겨 반전시킨 것은, 아들의 간절한 기구가 아버지가 유배 죄인이라서 이루어질 수 없었던 것으로서 부자 모두의 처절한 아픔을 형상화한 것이다.

아들의 소원을 현실적으로 들어줄 수 없는 처지였기에 "네가 사정을 헤아리지 못해서 이런 말을 한 것이다"라고 어린 영혼을 위로한 다음 "그렇지만 너는 내가 돌아오는 것으로 마음의 의지를 삼으려 한 것인데 너의 소원을 이루지 못했으니 정말 슬픈 일이다"라고, 다시 반전시켜 꺼져가는 어린 생명의 애절한 꿈이 무산된 것을 아버지로서 더욱 슬퍼한 것이다.

④는 1801년신유 봄에 경상도 장기로 유배되었다가 황사영 백서사건으로 같은 해 10월 27일 체포되어 서울로 압송되었다가 11월 5일 전라도 강진으로 재차 유배를 떠날 적에 과천果川에서 농아와

이별할 때의 눈물겨운 정경을 회상하였다. 이때 농아는 태어난 지 11개월 3일이 지나 겨우 몇 마디 말을 떠듬떠듬 할 줄 아는 강보에 싸인 아기였다. 다산은 어린아이의 생각이나 행동을 들여다볼 때도 과장하거나 미루어 해석하는 법 없이 정확하게 짚어냄으로써 더 감동을 느끼게 한다. 위에서도 보듯 "너의 어미가 너를 안고 나를 전송할 때 '너의 아버지시다'라고 하니, 네가 따라서 '나의 아버지이다'라고 했으나, 너는 아버지가 아버지인 줄을 실은 알지 못했던 것이다"라고 한 부분이 그렇다. 이 말 때문에 아들과의 기억을 되살려서 수백 번은 더 머릿속에서 반추해봤을 다산의 처지가 환기된다.

점사는 조선시대 민간 여행자를 위한 숙소이자 주막 같은 곳으로, 겨울의 가족은 집에서 떨어진 낯선 길 한가운데서 이별을 준비하고 있었던 것이다. 이때 농아와의 생이별이 부자지간의 영원한 이별이 되고 말았으니 아버지의 한은 태산을 만들고 눈물은 바다를 이루었다.

⑤에서는 소라껍질이 나온다. 삭막한 바닷가에서 유배살이하는 신세라서 아버지로서 아들에게 아무것도 해줄 수 없었다. 고작 바닷가의 소라껍질을 주워 고향에 있는 아들에게 보낸 것이 전부였던 아버지 다산이었다. 하지만 어린아이에게 이 소라껍질은 얼마나 기기묘묘한 것이었겠는가. 내륙에서는 구경하기 힘든, 바다의 내음까지 품은 나선형의 아름다운 무늬는 아버지를 알아보지도 못

한 채 생을 마감한 아들과의 서정적 매개물로 남았다. 농아의 죽음을 알리는 아내의 편지에서, 농아가 "강진에서 사람이 올 때마다 소라껍질을 찾다가 받지 못하면" 풀이 꺾여 시무룩했었는데, "죽어갈 무렵에 소라껍질이 도착"하였다고 했으니 이 또한 안타깝기 그지없다. 아버지가 아들에게 보낸 선물, 대단한 것도 아닌 하찮은 소라껍질에서 농아는 아버지의 정과 체취를 느꼈다. 농아가 죽어갈 무렵에 도착했기에 마지막 선물이었다. 그러나 생명이 꺼져가는 농아는 그것을 가지고 놀 수 없었다. 그래서 아버지는 더욱 슬퍼하였다.

⑥에서 죽은 농아의 모습을 사실적으로 그려 광지를 맺고 있다. 아들이 홍역과 천연두로 죽어가는데도 곁에 있어주지 못한 유배객 아버지는 "네 모습은 깎아놓은 듯이 빼어"나다며 뒤늦은 찬사를 바쳤다. "코 왼쪽에 조그마한 검은 사마귀가 있고, 웃을 적에는 양쪽 송곳니가 뾰쪽하게 드러난다"는 것에서 아이의 모습은 눈에 그려질 듯하다. 다산은 "오로지 네 모습만이 생각나서 거짓 없이 너에게 고하노라"라고 말했다.

「농아광지」의 본문인 ②~⑥은 모두 274자이다. 이 글자들 중에서 이별 별別자와 슬플 애哀자와 슬플 비悲자는 각각 2번, 죽을 사死자는 6번 나온다. 그러나 다산은 아들 농아를 지칭한 너 여汝자를 22번, 나 아我자를 2번, 나 오吾자를 1번 써서 모두 25번이나 썼다.

그리고 다산을 지칭하는 애비 부父자를 7번, 나 오吾자를 6번, 나 아我자를 5번 하여 모두 18번을 썼다. 여기서 아들을 여읜 아버지의 혈루반점을 찾을 수 있을 것이다. 274자의 글에서 아비와 아들을 지칭한 글자가 모두 43번이라는 것은 무엇을 의미하는가. 죽음을 뜻하는 별·애·비·사는 모두 12번에 불과하나, 아버지와 아들이었음을 밝힌 글자는 43번이나 썼다는 것은 비록 죽었어도 천륜의 정, 부자의 정은 끊을 수 없다는 게 아닐까. 부모 자식 간의 정은 죽음도 갈라놓을 수 없다는 것을 보여주는 듯하다.

한편 아버지 다산은 농아가 요절한 소식을 유형지 강진에서 편지를 받아보고 알게 된다. 다산은 비탄에 빠진다. 끊이지 않고 해일처럼 밀려오는 절망을 어찌해야 할까. 1802년 12월 고향에 있는 두 아들에게 보낸 편지 「답양아答兩兒」에서 두 아들을 붙들고 통곡하기에 이른다. 「답양아」를 보자.

우리 농아가 죽었다니 비참하고 비참하구나. 가련한 농아여. 나는 점점 쇠약해져가는데 이와 같은 일을 만나니 참으로 세상에는 조금이라도 나에게 너그러운 것이 없구나. 너희들 아래로 4남 1녀를 잃었다. 그중 하나는 10여 일 만에 죽어 얼굴조차 기억하지 못하고 나머지 셋은 다 세 살 때여서 품에 안겨 재롱을 한창 피울 때 죽었다. 그러나 이들은 나와 네 어머니가 함께 있을 때 죽었기에 운명이라도 할 수 있어 이번 같이 간과 폐를 도려내는 것 같지는 않았다. 내가 먼 바닷가로 유배되어서 못 본 지가 오래인데 농아가 죽다니 슬픔이 한층 더하구나.

나는 생사고락의 이치를 대략 알고 있는 터에도 이처럼 비통한데, 하물며 너의 어머니는 직접 품속에서 낳아 흙 속에다 묻었으니 그 애가 살았을 때의 기특하고 사랑스러웠던 한마디 말과 한 가지 몸짓들이 모두 귀에 쟁쟁하고 눈에 삼삼할 것이다. 더군다나 감정적이고 이성적이지 못한 부인들에 있어서랴.

나는 여기에 있고 너희들은 이미 장대해서 소행이 가증스럽기만 하였으니, 너희 어머니가 목숨을 의탁하고 있던 한 가닥 희망은 오직 그 아이뿐이었는데, 더구나 큰 병을 앓아서 점점 수척해진 뒤에 이러한 일을 당하였으니 하루 이틀 사이에 따라 죽지 않는 것만도 크게 괴이한 일이다. 이 때문에 나는 너희들 어머니 처지를 생각하여 내가 그 아이의 아비란 것은 훌연히 잊은 채 다만 너희 어머니만을 위하여 슬퍼하는 것이니 너희들은 아무쪼록 마음을 다하여 효성으로 봉양해서 어머니 목숨을 보전하도록 하여라.

차후로 너희들은 모름지기 성심으로 인도하여 두 며느리로 하여금 아침 저녁으로 부엌에 들어가서 맛있는 음식을 장만하고 어머니의 거처가 따뜻한가 차가운가를 살펴서 시시각각으로 시어머니 곁을 떠나지 않으면서 곱고 부드러운 모습을 가지고 모든 방법으로 기쁘게 해드리도록 해야 할 것이다. 시어머니가 혹시 쓸쓸해하면서 즐겨 받으려 하지 않거든 마땅히 성심껏 힘을 다해서 기필코 환심을 사도록 힘쓰게 해야 할 것이다. 시어머니와 며느리 사이가 매우 화락해서 털끝만큼도 마음속에 간격이 없게 되면 오랜 뒤에는 자연히 서로 믿게 될 것이다. 그리하여 규문에 하나의 화기가 빚어지게 되면 천지의 화기가 응해서 닭이나 개, 채소나 과일 따위도 제각기 무럭무럭 잘 자라서 일찍 죽는 일이 없고, 박히는 일이 없을 것이며, 나 또한 하늘의 은혜를 입어서 자연히 풀려서 돌아갈 수 있게 될 것이다.

아들의 죽음을 알린 고향의 편지엔 다산에 대한 원망이 아예 없을 수 없었다. 특히 아내가 있는 그대로 전한 농아의 마지막 병상의 모습은 다산의 가슴을 수없이 아프게 찔렀을 것이다. 이것은 이중적인 감정이었을 것이다. 당신 아들이 당신을 이렇게 보고 싶어 했다는 것과, 그런데도 당신은 야속하게 그렇게 먼 곳에서 아무런 힘도 쓰지 못하고 있다는 자포자기의 심정이 살펴지지 않는가. 다산은 편지를 받고 물론 망연자실했겠지만, 제 품으로 낳은 자식을 제 손으로 땅에 묻는 일을 몇 번이나 겪은 아내가 혹시라도 심지가 다하여 사그라질까봐 먼저 걱정되었다. 위의 편지에서 다산은 두 아들에게 "가증스럽다"는 표현까지 쓰고 있다. 가증스럽다는 것은 속인다는 의미에 가깝다. 입으로는 공부를 하고 집안을 일으켜 세우겠다면서도 실제 행동으로 옮기지 않는 것에 대한 매서운 질책인 것이다. 아버지로서 아들들에게 이처럼 냉소적인 표현까지 써 가며 꾸중한 것은 그만큼 다산이 지쳤음을 내비친다. "간과 폐를 도려내는 것"처럼 아프고 "세상이 나에게는 조금이라도 너그러운 것이 없다"고 말할 정도로 울분이 쌓여 있던 그다.

하지만 다산이 집에 편지를 보낸 궁극적인 이유는 역시 가장으로서의 집안 수습이 그 목적이었다. 특히 이번에는 부인의 상심이 말도 못 할 정도라는 것에 신경이 쓰였고, 두 아들에게 어머니의 동태에 각별한 주의를 기울일 것을 당부하였다. 학연이 아버지를 찾아온 것도 다산이 유배되고 나서 5년 뒤였으니, 아버지의 유배와 막내아들의 죽음으로 경제적 어려움과 상실감에 몸서리치던 다산의 가정은 5년이 지나서야 겨우 좌우를 둘러볼 겨를이 생겼다. 그동안 가장이 없는 집에서 세 모자는 아픔을 말없이 견뎌야 했다.

위대한 학자이기 전에 정 많은 아버지

다산은 위대한 학자이기 이전에 자식들에게 정이 많은 아버지였다. 요즘도 그런 전통이 남아 있지만 예로부터 이 땅의 아버지들은 어머니들보다는 자식 사랑에 인색하였다. 비록 유배지에서 그리워하는 정이 더욱 돋아난 결과이기도 하겠지만 다산만큼 자식에 대해서 하나하나 챙기는 아버지는 드물었다. 다산은 엄격한 모습, 다정다감한 모습, 자식에게 기대는 허물없는 아버지의 모습을 다 갖춘 아버지상의 백과전서적인 인물임을 지금까지 살펴본 것으로도 능히 짐작할 수 있다.

그러나 다산은 6남 3녀를 낳아 6명이 요절하는 참척을 당한 불행한 아버지였기에 자녀들의 광명 4편에는 글자마다 혈루반점이 얼룩져 있다. 그리고 이것은 일체의 수식이 없는 아름다운 문학이 탄생하는 순간이기도 했다.

요절한 자녀들의 광명을 통하여 위대한 실학자이기 전에 아버지로서의 다산, 그의 슬프고도 아름다운 인간애, 휴머니즘을 만나게 된다. 이런 아픔과 그것을 극복한 강인한 정신력, 또한 슬픔을 보편적인 인간에 대한 연민과 휴머니즘으로 확산시킬 수 있었기에 다산이 5000년 역사상 미증유의 위대한 '선명자善鳴者'가 될 수 있었음을 알아야 한다.

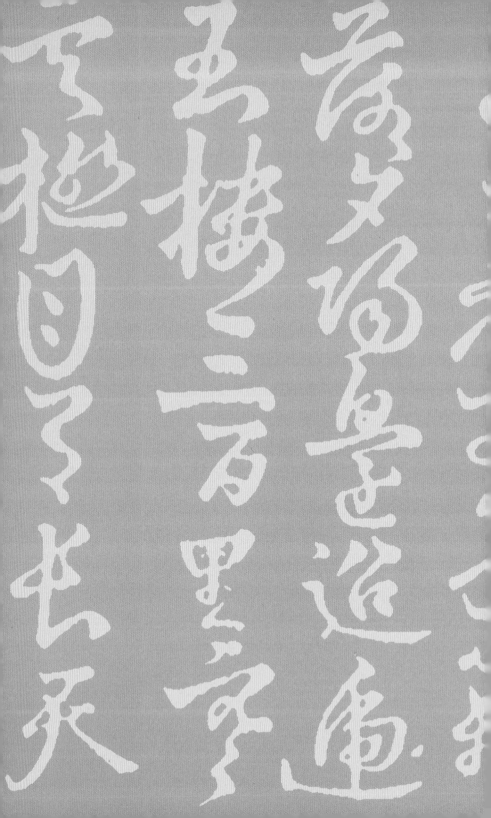

九疊蓬萊榼

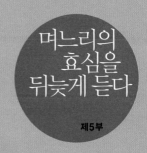

요절한 자부에 대한 시아버지의 정한

자신보다 먼저 이승을 하직한 며느리와 요절한 자녀들의 묘지명을 썼다면, 이를 읽지 않고도 작자의 가족사가 평탄하지 않고 비운과 참척이 거듭되었음을 알 수 있다. 또한 그 작가는 묘지명의 주인공에 대한 깊은 사랑과 추모와 처민悽憫의 정이 거센 파도처럼 밀려와 붓을 잡았을 것이라는 사실과, 아울러 작자의 따스한 인간애와 이들과의 아름다운 '선어제善於際'의 세계가 내재되어 있음을 유추할 수 있다.

다산은 많은 묘지명을 지었다. 그중 둘째 며느리 청송 심씨 묘지명은 특히 애잔하고 시아버지의 정이 글자마다 스민 명문이다.

「효부심씨묘지명孝婦沈氏墓誌銘」은 다산의 둘째 아들 정학유의 처인 청송 심씨1787~1816의 스물아홉의 짧은 삶을 기록한 것이다. 심씨는 14세1800 봄에 다산의 둘째 아들 정학유와 결혼하였으나 오랜 병환으로 혈육 하나 남기지 못하고 1816년 8월 10일에 29세로 운명하였다. 다산은 둘째 자부 심씨가 시집온 지 1년 후에 귀양살이를 떠나 영원히 만나지 못하였다. 그가 1818년 9월 유배에서 풀려나 향리 마재에 돌아오니, 부인 홍씨가 눈물을 흘리며 먼저 간 자부의 지극한 효성에 대해 말하는 것을 듣고 이 묘지명을 지었다. 이러한 가족사와 작문의 배경만을 보아도 이 묘지명에 내재된 비애의 세계를 알 수 있다.

「효부심씨묘지명」에서 우리는 실학을 집대성한 위대한 석학으로서의 다산이 아니라 시아버지로서의 다산, 그의 슬프고도 아름다운 인간애와 처민의 세계를 만날 수 있다.

스물아홉의 애틋하고 슬픈 삶

효부 심씨는 나의 벗 심오의 딸로 나의 작은 아들 학유의 아내이다.

조부는 용공현감 경석이고 증조부는 예조판서 곡이다. 그 선대는 청송 사람이다. 국초에 좌명공신인 할아버지는 덕부이니 좌의정을 지냈고, 그의 아들 온, 손자 회는 모두 영의정이다. 그 뒤 의정부 사인 순문, 홍문관 교리 달원, 관찰사 전, 관찰사 우승, 이조판서 액이 또 5세를 혁혁하였다. 전부 광사, 정언 상, 진주목사 득량이 또 가문을 면면이 이었다. 판서 곡은 진주목사공의 아들이다.

건륭 정미년정조 11, 1787 11월 17일에 태어나서 나이 14세에 우리 집으로 시집왔으니 곧 가경 경신년정조 24, 1800 봄이다. 이 해 여름 건륭정조이 승하하고 그 이듬해 신유년순조 1, 1801 봄에 내가 영남 장기로 귀양갔다가 겨울에 다시 강진으로 귀양갔으며, 그 뒤 16년이 지난 병자년순조 16, 1816 8월 초 10일에 효부가 죽었다. 이미 죽은 지 3년이 지난 무인년순조 18, 1818 가을에 내가 향리로 돌아오니 그 무덤에는 이미 풀이 묵어 있었다.

그 시어머니 홍씨가 눈물을 흘리면서, "이 며느리는 유순하고 침착하고 삼갔다. 시어머니를 어머니처럼 섬기고 시어머니를 어머니처럼 사랑하여 같은 이불에 잠자고 먹다 남은 것을 먹으며, 18년 동안 서로 목숨을 의지하고 살았다. 시어머니가 병이 많아 겨울밤에 설사를 10여 차례나 하였는데, 효부는 번번이 일어나 따라 나와 측간에 가는 일을 돕고 그 신음하는 것을 근심하였는데 비록 눈보라가 치는 매서운 추위에도 게을리 하지 않았다"고 하였다. 시어머니의 성품이 좁아 마음에 드는 사람이 적었으나, 시어머니의 말이 이와 같으니, 효부라 해도 마땅하다.

오랜 병으로 자식을 낳지 못하여 소생이 없다. 마현의 서쪽 갈래 간좌의 언덕에 장사 지냈다.

명은 다음과 같다.

네 시아버지를 겨우 한 해를 섬겼으니

나는 그 어짊을 알지 못하고

네 시어머니 열아홉 해 섬겼으니
시어머니는 네가 가련하다고 하네

다산은 자부의 가계가 명문세가임을 밝혔는데, 이는 자부가 명문대가의 후손이기에 천성적으로 효부일 수밖에 없다는 말이기도 하다. 그냥 하는 말이 아니라 다산의 둘째 며느리는 정말 명문가의 후손이었는데 아래에 가계를 정리하면 다음과 같다.

청송 심씨 시조 심홍부沈洪孚 → 심연沈淵 → 심용沈龍 → 심덕부沈德符, 좌명공신, 좌의정 → 심온沈溫, 영의정, 세종의 장인 → 심회沈澮, 영의정 → 심원沈湲 → 심순문沈順門, 의정부 사인 → 심달원沈達源, 홍문관 교리 → 심전沈銓, 관찰사 → 심우승沈友勝, 관찰사 → 심락沈諮, 이조판서 → 심광사沈光泗, 전부 → 심상沈相, 정언 → 심득량沈得良, 진주목사 → 심곡沈穀, 예조판서 → 심경석沈景錫, 용궁현감 → 심오沈澳 → 효부

위에서도 볼 수 있지만 다산의 부인 홍씨는 성품이 무척 깐깐했다. 아랫사람은 물론 대소가의 안어른들도 은근히 어려워했다. 하지만 이런 성품은 위기에 결연히 대처해나가기 위한 것이었으며,

학연·학유 형제에게는 든든한 힘이 되었다고 할 만하다. 그런 홍씨가 유일하게 살갑게 대한 이가 바로 둘째 며느리이다. 심씨는 다산의 둘째 형인 정약전이 유배지에서 생을 마치고1816년 6월 6일 집안이 아직 상갓집 분위기에서 벗어나지 못했을 때 죽었다.

위의 묘지명에서 "18년 동안 서로 목숨을 의지하고 살았다"는 표현은 더욱 음미할 필요가 있다. 자부가 시모와 함께 산 햇수는 18년이 아니라 17년이다. 1800년14세 봄에 시집와서 1816년29세 8월에 요절했으니 시집에서 보낸 세월은 16년하고 몇 개월이다. 그런데 어찌하여 18년이라고 했을까? 다산은 며느리를 보던 1800년 봄에 세로의 위험함을 알고 벼슬을 사직한 후 초천 별장으로 낙향했다. 이 해 6월에 정조가 승하하였고 다음 해인 1801년 다산은 신유사옥에 연좌되어 죽음을 면하고 2월 27일 경상도 장기로 유배를 떠났다. 낙향 이후부터 유배되기 전까지 1년 정도의 기간이 있었다. 다산은 자부의 효성을 받았던 이 시간을 합산하여 18년이라고 한 것이다. 즉 '효부'라고 한 것은 단순히 부인 홍씨의 회상만을 듣고 말한 것이 아니다. 유배 이전에 자부와 함께 1년을 살면서 지극한 효성을 받기 때문에 1년을 가산하여 통틀어 18년으로 서술한 것이다.

그다음으로 "시아버지를 겨우 한 해를 섬겨 / 나는 그 어짊을 알지 못하지만 / 네 시어머니 열아홉 해 섬겼으니 /시어머니는 네가 가련하다고 하네"라고 한 것도 이상하다. 자부는 시집온 후 17년 간을 살다가 운명하였는데, 어찌하여 시모를 19년을 섬겼다고 했을까?

결론부터 말하자면 다산이 유배 가기 전 자부와의 1년간의 생활과, 18년의 유배기간을 합산하여 19년이라고 한 것이다. 즉 유배 전의 1년을 포함하여 17년을 효성으로 섬긴 결과로 귀양살이에서 돌아와보니 시모가 건강하게 생존할 수 있었다는 것과, 효부였기에 자신도 18년 유배 기간 중에 부인 홍씨에 대한 걱정과 염려를 덜 수 있었음을 우회적으로 담은 것이다. 다시 말해서 자부가 시집온 1800년부터 다산이 해배되어 귀향한 1818년까지의 19년간을 뜻한 것으로서 죽어서도 효성을 다한 것으로 인식한 것이다. "시어머니는 네가 가련하다고 하네"라는 구절은 마치 무심하게 남의 말하듯 한 것 같지만, 시어머니의 입을 빌려 시아버지의 사랑을 표현한 것이다.

落霞与孤鹜齐飞遥遥遠連

玉楼二百里

不抗目そそ长天

작은
아버지
다산

제6부

❧ 네 분의 어머니와 가족 이야기

다산의 아버지 정재원丁載遠, 1730~1792은 33세 때다산 출생인 1762년영조 28 3월 10에 실시된 생원시에서 3등 제13인에 합격되었을 뿐 과거에 급제하지 못하였다. 그러나 영조의 배려로 이 해에 만령전 참봉이 되고 이어 경기전 참봉, 1764년갑인에 희릉 참봉, 1765년을유에 내섬시 봉사, 의금부 도사, 1766년병술에 사재감 주부, 형조좌랑, 연천현감을 끝으로 귀향하였다. 미관말직에 불과했으니 가난할 수밖에 없었다.

부친은 1차 낙향한 후 다시 벼슬에 나가기까지 10년간 초야에서 지냈다. 부친은 1776년병신 봄에 다시 호조좌랑이 되었고, 1777년정유 가을에 화순현감, 1780년경자 봄에 예천군수로 옮겨졌다가 겨울에 체직되어 7년 동안 집에 있었으니 두번째로 낙향을 한다.

1787년정미 여름에 다시 한성서윤이 되어 명례방에 살았고,

1789년기유 여름에 울산도호부사, 1790년경술 겨울에 진주목사로 부임하였다. 1792년임자 4월 9일 진주 임지에서 63세로 운명하였다. 자녀는 9명5남 4녀, 서자 서녀 포함을 낳았다.

다산의 부친은 아내 복이 너무나도 없어 장가를 네 차례나 가야 했다. 이는 가족사의 불행이자 비극이 아닐 수 없다. 즉 부친은 생시에 첫 부인의령 남씨과 둘째 부인해남 윤씨, 다산의 모친을, 그리고 측실 황씨까지 잃어 모두 세 명의 부인을 여의는 슬픔을 겪었다. 이를 정리하면 아래와 같다.

① 부친은 16세 때 남덕하南德夏의 따님인 17세의 의령 남씨 1729~1752를 1745년 4월 20일 아내로 맞이하였다. 숙인淑人 남씨는 8년 후인 1752년 10월 24일 향년 24세로 운명하였는데 정약현을 낳았다.

② 남씨 사후 다음 해인 1753년부친 24세 7월 6일에 당시로서는 노처녀인 26세의 해남 윤씨1728~1770를 속현하였다. 윤씨는 3남 정약전, 정약종, 정약용 1녀이승훈과 결혼를 낳은 후, 결혼한 지 18년이 되던 1770년 11월 9일에 43세로 세상을 떠나니, 당시 다산은 9세였다. 다산의 어머니 해남 윤씨는 윤덕열尹德烈의 따님인데, 고산 윤선도의 6세 손녀이자 공재 윤두서의 손녀이다.

③ 윤씨 사후 다음 해인 1771년부친 42세 금화현의 처녀 황씨黃氏

를 측실로 맞았으나 오래지 않아 운명했다.

④ 부친은 44세 때인 1773년에 중인 김의택金宜澤의 따님인 20세의 잠성 김씨岑城金氏, 1754~1813를 측실로 삼았다. 당시 다산은 12세였다. 서모 김씨는 3녀막내딸 요사 1남을 낳았다.큰딸은 번암樊巖 채제공蔡濟恭의 서자인 채홍근蔡弘謹에게, 둘째 딸은 나주목사 이인섭李寅燮의 서자인 이중식李重植에게 출가 서자 정약횡丁若鑌 역시 처복이 없었던지 초취는 청주 한씨, 재취는 창평 이씨, 삼취는 여흥 민씨를 얻었으나 모두 일찍 죽었다. 서모 김씨는 부친 사후 21년이 되던 1813년 7월 14일에 세상을 뜨니 향년 60세였다. 당시 다산은 강진에 유배 중이었다. 다산은 서모의 은공을 기린 「서모김씨묘지명」을 지었다.

한 가지 짚고 넘어갈 것은 다산의 부친이 정실正室과 측실側室을 동시에 거느린 것이 아니라는 사실이다. 첫 부인 남씨 사후에 윤씨를 속현하였고, 윤씨 사후에 황씨를 측실로 삼았으나 오래지 않아 죽어 다시 네번째로 잠성 김씨를 측실로 들인 것이다.

다산의 서모 잠성 김씨는 중인인 사역원정司譯院正 동지중추부사 김의택의 딸이라는 이유만으로 인간이 만든 굴레인 신분제도의 희생자가 되었다. 김씨는 정실이 되지 못했을 뿐만 아니라 그의 소생이 모두 서출들과 결혼을 하였으니 아리고 시린 삶을 살았다. 서모 김씨는 어머니를 잃은 12살의 어린 다산을 친어머니 이상의 정성으로 보살펴주었다. 다산은 어린 자신을 잘 돌보아준 서모를 잊지 못해 「서모김씨묘지명」을 지었다.

서모의 은혜를 잊지 못한 다산

가족사의 불운으로 다산의 어머니는 4명이나 되었다. 어찌됐든 다산은 "잠성 김씨는 정약용의 서모"였음과 "서모의 삶의 흔적"을 기록하여 후세인들이 알도록 묘지명을 지었다. 다산의 부친이 44세 때 중인 김의택의 딸인 20세의 잠성 김씨를 측실로 맞이할 당시 다산은 12세였다. 김씨는 다산보다 8세 위였다. 「서모김씨묘지명」의 일부를 보자.

우리 선고 통훈대부 진주목사 휘 재원이 건륭 경인1770에 우리 어머니 숙인淑人, 해남 윤씨을 잃고 그다음 해 금화현의 처녀 황씨로 측실을 삼았는데 오래지 않아 요사하였다. 계사년1773에 경성에서 처녀 김씨를 취하여 측실을 삼았는데 그때 나이 20이었으니 곧 서모이다. 천성이 명민하고 작은 체구에 말이 적었으며 또 부드럽고 화평하였다. 우리 아버지를 정성스럽고 부지런하게 섬기되 20년을 하루같이 하여 아버지가 편안하였으니 그 공을 기록할 만하다.

처음 우리 집으로 시집올 때 약용의 나이가 겨우 12살이었다. 머리에 서
캐와 이가 많고 또 부스럼이 잘 났다. 서모는 손수 빗질을 해주고 또 그
고름과 피를 씻어주었다. 또 바지와 적삼과 버선을 빨래하고 꿰매며 바느
질하는 수고 또한 서모가 담당하다가 장가를 든 뒤에야 그만두었다. 그러
므로 나의 형제자매 중에서 특히 나와 정이 두터웠다. 신유1801의 화에 내
가 남쪽 지방으로 귀양 가니 서모는 매양 생각하며 눈물을 흘렸다. 죽을
때에 이르러서, "내가 다시는 영감다산을 보지 못하겠도다" 하는 말과 함
께 숨이 끊어졌으니, 아! 슬프도다.

「서모김씨묘지명」의 행간에 서모의 애잔한 삶과 자신에게 베풀
어준 사랑과 회상은 물론 추모의 정과 송구함이 내재되어 있다. 서
모의 천성과 인품, 모습과 행동을 형상화하고, 우리 아버지를 지성
으로 "20년을 하루같이" 섬겨 부친이 편안하였으니 "그 공을 기록
할 만하다"고 하여, 자신이 묘지명을 짓지 않을 수 없음을 밝혔다.

다산은 자랄 때 "머리에 서캐와 이"가 많았으며 "부스럼"이 잘
났는데 "손수 빗질 해주고, 고름과 피를 씻어 주었을" 뿐만 아니
라, "바지와 적삼과 버선을 빨래하고 꿰매며 바느질하는 수고를
담당"하였음과 그 노고는 다산이 "장가를 든 뒤"에야 그만둘 수
있었다고 회상하며 추모하였다. 다산은 15세1776 때 풍산 홍씨와
결혼하였으니 3년간 서모의 보살핌을 받았던 것이다. 이런 사유로

형제자매 중에서도 특히 자신과 서모는 "정이 두터웠다"고 회상하였다.

다산이 1801년 신유사옥으로 인해 "남쪽 지방으로 귀양 가니" 서모는 매양 생각하며 눈물을 흘렸으며. 죽음에 이르러 "내가 다시는 영감다산을 보지 못하겠도다" 하는 말과 함께 "숨이 끊어졌다"고 했다. 다산을 영감이라고 부른 것은 그의 벼슬이 승지에 이르렀고, 승지는 곧 당상관이요 당상관부터는 영감이라 했던 당시의 관행을 따른 것이었다. 물론 여기엔 자식에 대한 조심스러움과 존경, 자랑스러움의 감정까지 녹아 있다. 어릴 적 병약했던 자신을 친모 이상으로 사랑으로 보살펴주었고, 유배 후 숨을 거둘 때까지 13년간 다산을 다시는 보지 못한 채 자신을 그리워했던 서모의 죽음은 다산에게 충격을 주었다. 그래서 "아! 슬프도다嗚呼 其可悲也" 여섯 자 속에 추모의 정을 그렸다.

묘지명에 이어지는 시에서 다산은 서모에게 미안한 마음을 표현하기도 했다. "하담荷潭 선영先塋 기슭에 따라가지 못하였으니 / 차라리 세 며느리 무덤 있는 곳에 의지함이 낫지 않으랴"라고 한 것인데, 이는 아버지 곁에 묻어주지 못한 것에 대한 미안함이다. 그리하여 세 며느리들을 거느리고 지하에서나마 큰 봉양을 받으시라고 한 것이다.

형제와 조카들

다산 정약용의 형제는 서형제庶兄弟를 포함하여 모두 9명5남 4녀이다. 큰형 정약현은 의령 남씨 소생이다. 둘째 형이 정약전, 순교한 셋째 형 정약종, 넷째 정약용이 있고, 이승훈에게 시집간 누나는 해남 윤씨 소생이다. 그 외에 서모 김씨가 낳은 동생 정약횡丁若鑛과 3명의 서누이가 있다.

① 큰형 정약현丁若鉉, 1751~1821은 진사를 지냈다. 다산이 쓴 「선백씨진사공묘지명」에서 "신유년1801, 순조 1의 화신유옥사에 우리 형제 3인이 모두 기괴한 화에 걸려서 하나는 죽고 둘은 귀양 갔다. 그런데 공은 조용하게 물의物議 가운데 들어가지 않음으로써 우리 문호를 보전하고 우리 제사를 받드니, 어려운 일이라고 한 세상이 칭송하였다. 그러나 초임의 벼슬도 임명받지 못하고 마침내 초췌하게 죽었다. 아, 애석하도다"라고 하였다. 저서로는 『시고詩稿』 3권이 있다. 1821년신사, 순조 21 가을에 돌림 역질이 갑자기 유행하여 9월 초4일에 옛집에서 운명하니 향년이 71세다.

정약현은 자녀 11명4남 7녀을 낳았다. 이보만李溥萬의 딸 경주 이씨와 1남 3녀를 낳았는데, 아들 진흥震興은 젖먹이 때 죽었고, 장녀는 황시복黃時福에게, 둘째 딸은 홍영관洪永觀에게, 셋째 딸은 홍재영洪梓榮에게 출가하였다. 경주 이씨가 돌림병을 앓다가 30세의 나이로 세상을 떠나자 재취한 의성 김씨와 3남 4녀를 낳았다. 첫째 아들은 학수學樹인데 사람됨이 상서롭고 착하며 문예가 일찍 성취되었으나 장가들고 나서 17세에 요절하였다. 다음은 만수萬壽로 이를 갈기도 전에 요사하였고, 그다음이 학순學淳인데 생존하여 대를 이었다. 맏딸은 정협鄭浹에게, 둘째 딸은 권진權裖에게, 셋째 딸은 김성추金性秋에게, 넷째 딸은 목인표睦仁表에게 출가하였다. 다산은 큰형과 형수 경주 이씨와 조카 학수의 묘지명을 지었다.

② 둘째 형 정약전丁若銓, 1758~1816은 호가 손암巽菴이고 벼슬은 병조좌랑을 지냈다. 1801년 신유사옥에 다산과 함께 연좌되어 처음에 신지도로 유배되었다. 황사영 백서사건이 나자 서울로 압송되어 국문을 받고 재차 흑산도로 유배되었는데, 1816년병자 6월 6일에 내흑산도內黑山島 우이보에서 59세로 생을 마감하였다. 저서로 『논어난論語難』 2권, 『역간易柬』 1권, 『자산어보』 2권, 『송정사의松政私議』 1권이 있는데, 이는 모두 흑산도에서 지은 것이다. 현재 『자산어보』만 전한다. 김서구金敍九의 딸 풍산 김씨와 1남 1녀를 낳았다. 아들 학초는 장가들고 나서 열일곱에 요절하였는데, 다산은 조카 학초의 묘지명을 썼다. 딸은 민사검閔思儉에게 시집갔다. 첩이 학소學蘇와 학매學枚 형제를 낳았다.

다산은 「선중씨묘지명」에서 "아, 동복同腹 형제이면서 지기知己가 된 분으로는 세상에 오직 공 한 사람뿐인데, 공이 돌아가신 7년 동안 나만이 홀로 쓸쓸히 세상에 살고 있으니 어찌 슬프지 않겠는가"
라고 하였다. 지기였던 형의 죽음은 다산에게 큰 충격을 주었다.
다산이 1818년병자 6월 17일 강진 유배지에서 쓴 편지[寄二兒]에서 "6
월 6일은 우리 어진 둘째 형이 세상을 버리신 날이다. 아! 어질면서
도 곤궁함이 이와 같을 수 있는가. 원통하여 이 무너지는 마음을
호소하니 목석도 눈물을 흘리는데 다시 무슨 말을 하겠느냐. 외로
운 천지 사이에 우리 손암巽菴, 정약전의 호 선생만이 나의 지기였는데,
이제는 잃어버렸으니 앞으로는 비록 터득하는 바가 있더라도 어느
곳에 입을 열어 함께 말할 사람이 있겠느냐. 나를 알아주는 이가
없다면 차라리 진작에 죽는 것만 못하다. 아내도 나를 알아주지 못
하고 자식도 나를 알아주지 못하고, 형제 종족들이 모두 나를 알아
주지 못하는 처지에 나를 알아주던 우리 형님이 돌아가셨으니, 슬
프지 않으랴"라고 애통해하였다. 이어서 자신의 저서 "경집經集
240책을 새로이 장정하여 책상 위에 놓아두었는데, 내가 장차 그
것을 불살라버려야 한단 말이냐"라고 하였고, "선대왕정조대왕께서
신하들을 분명히 아셔서 항상 우리 형제들을 두고 평론하시기를
'형이 동생보다 낫다'고 하셨으니, 아아! 성명聖明께서는 우리 형님
에 대해 참으로 아셨다"고 하였다. 다산은 둘째 형과 조카 학초의
묘지명을 지었다.

③ 셋째 형 정약종丁若鍾, 1760~1801은 세례명은 아우구스티노이

다. 다산과는 두 살 차이다. 그는 한국 최초 천주교 신학자이자 한국 천주교 최초의 교리서 『주교요지主敎要旨』의 저자이다. 신유사옥으로 1801년 2월 11일에 체포되어 끝내 배교하기를 거부하고 2월 26일 서소문 밖에서 참수되었다. 또한 그의 전처 소생 큰아들인 정철상丁哲祥, 가롤로도 4월 2일 같은 장소에서 참형을 받고 순교했다.

부인 유 세실리아와 작은 아들 정하상丁夏祥, 바오로, 그리고 딸 정정혜丁情惠, 엘리사벳는 신유박해는 모면하였으나, 1839년 기해박해 때에 체포되어 모두 순교하였다. 둘째 아들 정하상丁夏祥, 바오로, 1795~1839은 1816년 동지사를 따라 북경에 가서 조선으로 신부 파견을 요청했고, 그후 아홉 차례나 북경을 내왕하며 신부 파견을 강력히 요청하는 한편, 로마 교황에게도 신부 파견을 진정하여 브뤼기에르 주교를 초대 교구장으로 임명하는 데 성공하였고, 이로써 조선 교구 창설에 결정적 역할을 하였다.

정하상이 우의정 이지연李止淵에게 올린 순 한문 3644자에 달하는 『상재상서上宰相書』는 당시 유일한 호교론서護敎論書로, 1881년 홍콩 교구에서 책으로 발간되어 중국에서도 전도에 널리 활용되었다.

④ 넷째가 다산 정약용1762~1836이다. 조선후기 실학을 집대성한 큰 학자이다. 『경세유표』『목민심서』『흠흠신서』등과 방대한 저서 『여유당전서』를 남겨 조선후기 학술문화사에 새로운 지평을 열고 75세로 운명하였다.

정약전, 『자산어보』.

다산의 형인 정약전이 지은 한국에서 가장 오래된 어류학서이다. 1801년(순조 1) 신유사옥으로 전라도 흑산도에서 유배생활을 하던 중 흑산도 근해의 수산생물을 실지로 조사하고 채집한 기록이다. 수산동식물 155종에 대한 명칭·분포·형태·습성 및 이용 등이 상세히 기록되어 있다.

⑤ 다산의 자형姊兄 이승훈李承薰, 1756~1801은 1784년 북경 북천주당에서 그라몽 신부에게 영세를 받은 한국 최초의 영세 신자로 1801년 2월 서소문에서 사형을 당하였다.

⑥ 큰 서매庶妹는 번암 채제공의 서자인 채홍근蔡弘謹에게 출가하였다.

⑦ 둘째 서매는 나주목사 이인섭李寅燮의 서자인 이중식李重植에게 출가하였다.

⑧ 셋째 서매는 일찍 죽었다.

⑨ 서제庶弟는 정약횡丁若鑛, 1785~1829이다. 다산은 1804년 강진 유배지에서 서제에게 시[匕懷]와 증언[爲舍弟鑛贈言]을 보낸 바 있다.

다산이 1804년 강진 유배지에서 서제 약횡을 그리면서 쓴 시 「칠회匕懷」를 보자.

선인께서 늦아들 보시고서
늙도록 늘 그를 사랑했지

충주 가는 길을 벌써 알고서
늙은 어머니 모시고 살고 있누나

그때 보면 그림을 좋아했는데

지금 의서를 읽으라고 권하노라

외로운 처지의 두 누이동생은
지금 죽었느냐 살아 있느냐

고향의 동생 약횡이 충주 하담에 있는 부모의 산소를 잘 보살피
고 노모를 잘 모시고 있을 것이라고 하였다. 전에 그림을 좋아하
였는데 차라리 의서를 읽으라고 권유하였다. 채홍근과 이중식에게
출가한 두 누이동생의 안부가 궁금하여 생사 여부를 묻고 있다. 이
시에서 적서嫡庶를 떠난 따스한 형제애가 그려져 있다.

학초의 묘지명을 쓴 작은아버지

다산의 조카 정학초丁學樵, 1791~1807는 다산의 둘째 형이자 『자산
어보』를 저술한 손암 정약전의 아들로 어릴 적 이름은 봉륙封六이
다. 학초는 1791년신해, 정조 15 봄 2월 초 10일에 태어나서 1807년정
묘, 순조 7 가을 7월 19일 열일곱의 나이로 애석하게 세상을 떠났다.
다산이 쓴 「형자학초묘지명」을 보면, 그는 어릴 적부터 총명하여
"6~7세 때에 이미 서사書史를 읽고 그 득실을 의논할 줄 알았다"라

정약종, 『주교요지主教要旨』, 1786~1801.

다산 바로 위의 형으로 신유사옥 때 순교한 정약종이 저술한 교리서. 우리나라에서 우리나라 사람이 우리나라 말로 지은 최초의 교리서다. 1786년에서 1801년 사이에 지어졌을 것으로 추정된다. 천주의 존재, 사후의 상벌, 영혼의 불멸을 밝히면서 이단을 배척하는 일종의 호교서이면서, 천주의 강생과 구속의 도리를 설명하고 있다.

고 하였다.

가경 신유년순조 1, 1801 봄에 화가 일어나서 손암 선생은 신지도로 귀양 가고 나는 장기로 귀양 갔다. 겨울에 다시 잡혀왔다가 다시 살아나 작은형은 흑산도로 귀양 가고 나는 강진으로 유배되어 형제가 같은 길로 길을 떠나게 되었다. 학초는 땋은 머리로 화성의 남쪽 유천柳川의 주막에서 우리를 전송하였는데 그때 나이 11세였다. 집에 번국番國 소산인 사안주蛇眼珠 1매가 있었는데 곧 큰 구렁이의 눈동자였다. 대체로 이 구슬이 있는 곳에는 뱀·독사 따위가 감히 가까이 오지 못하고, 뱀·독사를 만날 경우에 곧 이 구슬로 비추면 뱀들이 모두 그 자리에서 죽어 마른 나무가 되어버리니, 기이한 보배였다. 학초가 울며 이 구슬을 바치면서 "흑산도는 초목이 무성하여 뱀·독사가 많으니 이 구슬로 스스로를 보호하소서" 하니, 선생이 받아서 주머니에 넣는 한편 눈물을 줄줄 흘렸다. 그리고는 드디어 서로 헤어졌다.

학초는 비록 열한 살의 어린 나이지만 아버지에 대한 효성이 지극하였다. 흑산도로 유배 가는 아버지의 안위를 위해 사안주를 드린 효성이 한 폭의 그림처럼 아름답게 그려져 있다. 계속해서 묘지명을 보자.

그 뒤에 내가 두 아들학연·학유의 편지를 받아보면 매번 학초는 예전처럼 학문을 좋아하고 친형제처럼 서로 사랑한다고 했으며, 특히 경전의 의리를 좋아하여 혹은 질문 항목을 조목조목 나열하여 기록해서 두 귀양 사는 곳흑산도·강진에 붙이기도 했었다. 이미 관례를 마치고 장가까지 들었기에 다산강진으로 함께 데리고 와 배를 타고 흑산도로 아버지를 뵈러갈까 했었는데 흉측한 소식이 갑자기 들려왔으니 학초는 이미 죽어버렸다는 것이다.

학초는 공부하다 의문점을 편지에 적어 아버지와 작은아버지가 귀양에 처해진 곳에 보냈다. 다산은 이런 조카를 무척 사랑하였다. 그리하여 강진으로 내려오게 하여 아버지가 있는 흑산도로 보낼 계획이었는데 그만 세상을 떠나고 말았다. 다산은 둘째 형에게 보낸 편지답중씨에서도 학초를 강진으로 오게 하여 공부시킨 후 흑산도로 보내는 것이 어떠하겠느냐고 하였다.

아! 슬프구나! 형수와 내 두 아들이 친족의 아들을 학초의 후사양자로 세우기로 의논하였다고 하여 내가 작은형에게 알리기를, "비록 큰 종가집의 아들이라도 미처 할아버지의 대를 잇지 않고 죽으면 후사를 세우지 않고 그 차자次子를 세우는 것이 예인데, 하물며 선생은 본디 지자支子, 맏아들 이외의 아들입니다. 더구나 우리는 받드는 바가 없는데, 소원한 일가의 아들을 양자로 삼아야 하겠습니까? 선생에게 서자 학소學蘇가 있으니, 뒷날 아들을 낳으면 그를 세워 학초의 후사로 삼는 것이 거의 고금을 참작해보아 마땅할 것입니다" 하였더니, 선생은 "그렇겠다" 하고 그를 돌려보냈다. 내가 유배된 이후로 저술한 육경·사서에 관한 학설 240권은 학초에게 전하려 하였더니 이제는 그만이로다.

조카 학초의 죽음은 다산에게 큰 충격이었다. 하나뿐인 조카가 세상을 뜨자 고향에서 후사 문제, 즉 양자 문제가 논의되었다. 다산의 건의에 따라 형의 서자인 학소가 아들을 낳으면 그를 양자로 하는 것이 좋겠다는 쪽으로 의견이 모아졌다.

즉 피 한 방울 섞이지 않은 남의 자식을 종씨라고 데려다가 후사로 삼지 말고, 자기 자식인 서자를 후사로 삼는 것이 옳다는 다산과 자산 형제의 생각은 그 당시 시대 상황에 비추어보면, 열린 사고였고 진보적이고 선구적인 사고였다. 다산은 「입후론立後論」에서도 같은 주장을 한 바 있다.

다산이 유배된 이후 저술한 육경·사서에 관한 저서 240권은 조선 경학 연구를 집대성하고 창조적으로 넘어선 업적이었다. 그의 유배생활은 이것 하나를 이루기 위한 노력이었다고 해도 과언이 아닐 정도로 다산 스스로도 큰 의미를 부여하는 저술이었다. 그는 끝내 경전의 의리를 외면한 두 아들을 포기한 채 이것을 학초에게 전해주어 자신의 학문을 계승·발전시키기를 기대했었다. 명銘에서도 학초의 죽음은 "하늘이 나를 자르고 하늘이 나를 망치게 했도다"라고 한 후 성현의 도는 잡초처럼 무성하고 거칠어져가는 데 "뉘라서 내 책을 읽어줄 것인지 슬프다"라고 하였다. 공자가 가장 아낀 제자 안연顏淵이 죽자 하늘을 우러르며 슬퍼하며 눈물을 흘린 장면이 떠오르지 않는가.

또한 1807정묘, 46세에 자질子姪들이 보낸 시에 화답한 시[화기제자질운和寄諸子姪韻]에서도 "육이는 침착하고 연구하길 좋아하며 / 끝에 가선 그 식견이 누구보다 으뜸이리니"라고 노래한 바 있다.

자신이 어렵게 이룬 학문이 모두 흩어지고 후세에 전해지지 못할까 우려했던 다산이기에, 조카를 잃고 묘지명을 지어 "학초는 정약용 조카였다"라고 한 다산의 「형자학초묘지명」에서 진한 슬픔의 정조를 느끼지 않을 수 없다.

학수의 묘지명을 쓴 작은아버지

다산의 조카 정학수丁學樹, 1797~1817는 큰형 정약현의 맏아들이다. 큰형은 나이 47세에 학수를 낳았다. 학수는 1797년정사, 정조 21 3월 16일 출생하여 1817년순조 17 9월 13일에 20세로 세상을 떠났다. 다산이 쓴 학수의 묘지명 일부를 보자.

학수는 성장하여 문자를 좋아하여 편달을 가하지 않았으나 사장詞章이 일찍 성취되었다. 자호를 종옥산방種玉山房이라 하였다. 남에게 준 시율은 문장을 정성껏 다듬어 기록하였는데, 모두 소쇄하여 탈속하였다. 그리하여 이를 본 사람은 모두 정씨의 집안이 쇠하지 않으리라고 하였다. 관례를 한 뒤에는 또 깨친 바가 있었다. 그의 사촌형 학연·학유 등과 뜻이 계합契合하고, 우애가 동복형제와도 같았으며, 무릇 싸워서 반목하고 불평하는 소리는 귀를 막고 듣지 않았다. 사람됨이 관후하고 평이하며 남을 포용하는 아량이 있었으며 마음가짐이 공평하여 편파적인 누累를 일체 씻어버렸다.

조카 학수는 공부를 좋아하였고 문장이 소쇄하며, 탈속하고 우애가 돈독하였으며 관후하고 포용력과 공평함이 있었다고 회상하였다. 이어서 「형자학수묘지명」의 일부를 보자.

날마다 그 계부다산 자신을 방함가 돌아오기만을 바라고 기도하여 장차 있는 힘을 다 기울여 수학하려 하였다. 그런데 무인년순조 13, 1818 9월 15일에 내가 강진으로부터 은전을 입어 향리로 돌아오니, 학수가 죽어 연제練祭를 지낸 지 이미 3일이 지났다. 아, 애석하도다. 그가 남긴 시편과 묵은 글씨가운데 집에 남아 있는 것이 얼마 안 되는데 모두가 놀랄 만큼 청아한 시구에 힘찬 글씨로 조금도 궁색하거나 위축된 기미가 없었다. 이를 어루만지며 눈물을 흘렸다. 가문이 쇠퇴하고 시운이 비뚤어졌으니 무슨 방법으로 이 아이를 보전하랴.

학수는 작은 아버지 다산이 유배에서 풀려나 고향에 돌아오기를 기도하며 수학하려고 하였다. 그러나 다산이 장장 18년의 유배생활에서 풀려나 1818년 9월 15일에 향리로 막상 돌아오니 학수의 연제練祭를 지낸 지 사흘이 지났다. 원래 연제는 연제사練祭祀로 아버지가 살아 있을 때, 돌아간 어머니의 한 돌 만에 지내는 소상을 미리 앞당겨서 열한 달 만에 지내는 제사를 뜻한다. 학수는 1817년 9월 13일에 20세로 세상을 떠났는데, 아버지 정약현이 생존해 있어 1818년 9월 13일에 연제를 지낸 것이다.

다산은 고향에 돌아왔으나 작은아버지를 그토록 기다리던 학수는 1년 전에 저세상 사람이 되었다. 조카가 남긴 시문을 보고 눈물을 흘린 다산은 가문이 쇠퇴하고 시운이 비뚤어진 것을 원망하며 슬퍼하였다.

문채 있는 사람은 혹 경박하고
돈독한 사람은 질박하기 쉽다.

문채 있고 돈후하니

범이나 표범의 문채요 털을 뽑아낸 가죽일 뿐만 아닐세

듣지 않고도 깨닫는 것을 슬기롭다 이르고

막아도 전진하는 것을 확고하다고 이른다

이러한데도 그를 잃어버렸으니

우리 집안의 손실이다

이곳에 묻으니

너는 즐거우리

　한창 나이인 20세에 홀연히 떠나간 조카의 짧은 삶을 슬퍼하며 묘지명에서 이와 같이 명銘하였다. 없는 말을 하는 다산이 아니기에 위의 글에서 드러나는 것처럼 조카 학수는 뛰어난 인재였음이 틀림없다. "문채 있는 사람은 경박하기 쉽지만" 죽은 조카가 남기고 간 얼마 되지 않는 시문을 읽어본 다산은 유달리 청아한 언어와 그것을 써내려간 선 굵은 글씨의 기막힌 조화 앞에서 더욱 안타까움을 느꼈다.

　학수는 1797년 3월 16일생으로 다산이 1801년 2월에 유배를 떠날 때 다섯 살이었다. 서로 한 번도 만나지 못했지만 학수는 학연·학유 형제를 통해 작은아버지 다산의 가르침을 받았다. 인간 됨도 다산을 닮아 공평무사했으며 포용력이 있었다. 다산이 보기에 그러한 성품은 공부하기에 안성맞춤이었다. "문채 있고 돈후한" 학수의 죽음 앞에서 다산은 안타까움을 넘어 조카에 대한 원망의 감정마저 느낀 듯하다. 마지막 문장 "너는 즐거우리"는 우선적으로, 젊어 요절한 조카가 저세상에서는 반드시 즐거울 것이라는 확신을 담은 것이겠지만, 이제 자신의 학문을 물려받을 후손이 거의 하나도 남지 않아 이 작은아버지는 전혀 즐겁지 못하다는 살가운 표현을 그 안에 살짝 숨겨둔 것인지도 모른다.

다산초당.

다산이 오랜 기간 머무르며 실학을 집대성한 다산초당의 복원된 현재 모습이다. 다산은 학문을
연구하고 국가를 개혁하는 작업을 하는 틈틈이 자식들에게 편지와 가계를 보내 공부 내용을 점
검하기도 했고 죽은 자식들을 생각하며 추억에 젖곤 했다. 다산은 아버지로서도 자신의 모든 것
을 다 바쳤기에 "아버지로서 아버지 역할을 다한" 부부父父의 실천자였다.

다산의 묘소.

그는 죽기 전 자찬묘지명을 남겼다. 남들이 쓰는 묘지명이 죽은 자를 위한 맹목적 예찬의 글이
되어 거짓된 내용으로 꾸며지는 극단적 폐단을 낳게 되는 것을 목격한 조선후기의 지식인들은
자찬묘지명을 통해 생명력 없는 평가와 죽은 글에 맞섰다. 평생 잘못된 기록들과 싸워온 다산 또
한 그러하지 않았을까.

참고문헌

정약용, 『여유당전서』 전6책, 영인, 경인문화사신조선사본, 1970

정약용, 『여유당전서보유』 영인, 다산학회편, 삼진사, 1974

정약용 편찬, 『압해정씨가승』, 정갑진 · 정해렴 역주, 현대실학사, 2003

『국조방목』 영인, 태학사, 1985

『역과방목』 영인, 민창문화사, 1990

김상홍, 『다산 시선집, 유형지의 애가』, 단국대학교출판부, 1981

-----, 『다산 정약용 문학 연구』, 단국대학교출판부, 1985

-----, 『다산학 연구』, 계명문화사, 1990

-----, 『다시 읽는 목민심서』, 한국문원, 1996

-----, 『다산 문학의 재조명』, 단국대학교출판부, 2003

-----, 『조선조 한문학의 조명』, 도서출판 이회, 2003

-----, 『다산의 꿈 목민심서』, 새문사, 2007

-----, 『다산학의 신조명』, 단국대학교출판부, 2009

노경희, 「일본 궁내청서릉부 소장본, 정학연 시집 『삼창관집』의 영인 및 해제」, 『다산학』 제6호, 다산학술문화재단, 2005

민족문화추진회 역, 『국역 다산시문집 1~9』, 솔, 1994

박석무, 『정다산 서한집 유배지에서 온 편지』, 시인사, 1979

박석무, 『다산산문선』, 창작과비평사, 1985

박석무, 『다산 정약용 유배지에서 만나다』, 한길사, 2003

법제처, 『경국대전』, 일지사, 1978

송재소, 『다산시선』, 창자과비평사, 1981

송재소, 『다산시 연구—부 다산년보—』, 창작과비평사, 1986

이을호, 「전남 강진에 남긴 다신계절목고」, 『호남문화연구』 제1집, 전남대학교, 1963

임형택, 「정약용의 강진 유배시기의 교육활동과 그 성과」, 『한국한문학연구』 제21집, 한국한문학회, 1998

이상적, 『은송당집』영인, 아세아문화사, 1973

정규영 편, 『사암선생년보』, 정문사, 1984

아버지 다산
ⓒ 김상홍 2010

| 1판 1쇄 | 2010년 5월 10일 |
| 1판 4쇄 | 2012년 6월 11일 |

지은이	김상홍
펴낸이	강성민
편집	이은혜 박민수 김신식
마케팅	최현수
온라인 마케팅	이상혁 장선아

| 펴낸곳 | (주)글항아리 |
| 출판등록 | 2009년 1월 19일 제406-2009-000002호 |

주소	413-756 경기도 파주시 문발동 파주출판도시 513-8
전자우편	bookpot@hanmail.net
전화번호	031-955-8891(마케팅) 031-955-1903(편집부)
팩스	031-955-2557

| ISBN | 978-89-93905-25-0 03900 |

글항아리는 (주)문학동네의 계열사입니다.

이 도서의 국립중앙도서관 출판시도서목록(CIP)은 e-CIP홈페이지(http://www.nl.go.kr/ecip)에서
이용하실 수 있습니다. (CIP제어번호: CIP2010001542)